# SER
# UNA
# ROSA

# SER UNA ROSA

E.B Mason

ARPress

**ARPress**
45 Dan Road Suite 15
Canton MA 02021
Línea directa:     1(888) 821-0229
Fax:                    1(508) 545-7580

Información sobre pedidos:
Ventas por cantidad. Las empresas, asociaciones y otras entidades pueden beneficiarse de descuentos especiales en la compra de cantidades. Para más detalles, póngase en contacto con el editor en la dirección arriba indicada.

Impreso en los Estados Unidos de América.

ISBN-13:     Libro de bolsillo      979-8-89676-375-8
                   Libro electrónico     979-8-89676-376-5

Library of Congress Control Number:  2025915354

# CONTENIDO

Para Ana
Siempre estabas ahí, incluso cuando yo estaba en otro lugar

# Departamento de Estado de los Estados Unidos Oficina de Asuntos Consulares Washington, DC 20520

*Esta información está actualizada a fecha de hoy, lun 06 jun 2005 12:51:23*

## AFGANISTÁN

### 15 de noviembre de 2004

«Esta *Advertencia de Viaje proporciona información actualizada sobre la situación de seguridad en Afganistán y sobre el próximo evento de inauguración presidencial afgano. La amenaza a la seguridad de todos los ciudadanos estadounidenses en Afganistán sigue siendo crítica. Esta Advertencia de Viaje sustituye a la Advertencia de Viaje para Afganistán emitida el 30 de julio de 2004.*

*El Departamento de Estado recomienda encarecidamente a los ciudadanos estadounidenses que no viajen a Afganistán. Existe una amenaza continua de secuestro y asesinato de ciudadanos estadounidenses y trabajadores de organizaciones no gubernamentales (ONG) en todo el país. La capacidad de las autoridades afganas para mantener el orden y garantizar la seguridad de ciudadanos y visitantes es limitada. Continúan los restos del antiguo régimen talibán y las operaciones terroristas. Los desplazamientos por todas las zonas de Afganistán, incluida la capital, Kabul, son inseguros debido a las operaciones militares, las minas terrestres de, el bandidaje, la rivalidad armada entre grupos políticos y tribales, y la posibilidad de atentados terroristas, incluidos ataques con vehículos u otros artefactos explosivos improvisados (IED), y secuestros. El entorno de seguridad sigue siendo volátil e impredecible.*

*Las elecciones presidenciales se celebraron el 9 de octubre de 2004 con mínimas perturbaciones. Sin embargo, el potencial de violencia sigue siendo una preocupación real. Tras las elecciones, un ataque suicida con granada mató a un ciudadano estadounidense en el centro de Kabul, y tres miembros del personal internacional de la ONU fueron secuestrados a finales de octubre de 2004. Los actos de investidura presidencial a principios de diciembre pueden desencadenar nuevos actos de violencia.*

*El año pasado se produjeron varios atentados contra organizaciones internacionales, trabajadores humanitarios internacionales e intereses y nacionales extranjeros. Las Naciones Unidas han reanudado sus operaciones, suspendidas temporalmente a raíz de estos ataques. Sin embargo, la ONU siguió siendo blanco de ataques en todo el país. El 1 de junio de 2004, un convoy de la ONU y de una ONG sufrió una emboscada en Gardez, un equipo de desminado de la ONU sufrió una emboscada con granadas propulsadas por cohetes (RPGS) en Loghar, y un convoy del Alto Comisionado de las Naciones Unidas para los Refugiados (ACNUR) sufrió una emboscada con RPGS y fuego de armas ligeras en Kandahar. En el último año se han producido múltiples ataques con cohetes en Kabul y en otros lugares de Afganistán, incluido un cohete que cayó en el complejo de las Fuerzas Internacionales de Asistencia para la Seguridad (ISAF), cerca de la Embajada, en junio de 2004.*

*Los familiares de los funcionarios estadounidenses destinados en la Embajada de EE.UU. en Kabul no están autorizados a residir en Afganistán. Además, los viajes no oficiales a Afganistán de empleados del Gobierno de EE.UU. y sus familiares requieren la aprobación previa del Departamento de Estado. De vez en cuando, la Embajada de EE.UU. prohíbe el acceso de su personal a zonas frecuentadas por extranjeros, en función de las condiciones de seguridad del momento. Los objetivos potenciales incluyen establecimientos clave del gobierno nacional o internacional, organizaciones internacionales y otros lugares con personal expatriado, y* áreas *públicas populares entre la comunidad expatriada. Se insta encarecidamente a los ciudadanos estadounidenses particulares a que también tengan en cuenta estas restricciones y pueden obtener la información más reciente llamando a la Embajada de Estados Unidos en Kabul o consultando el sitio web de la embajada. Las acciones de los terroristas pueden incluir, entre otras, operaciones suicidas, atentados con bomba, asesinatos, robo de coches, ataques con cohetes, asaltos o secuestros. Las posibles amenazas incluyen armas convencionales, como artefactos explosivos, o armas no convencionales, como agentes químicos o biológicos».*

Lo había leído antes de salir de Estados Unidos y estaba mentalmente preparado para ello. Para lo que no estaba preparada era para saber cómo me iba a marchar.

# Primera parte: el comienzo

## Kabul, Afganistán, agosto de 2005

—No puedo respirar.

—Lo siento, no he entendido lo que acabas de decir.

—No puedo respirar. No puedo completar una frase... sin respirar.

El médico de combate del ejército cogió un estetoscopio de su mesa para examinarme el pecho. Empecé a quitarme la camisa, pero me dijo que no era necesario. En ese momento pensé: *«¿Cómo vas a oír nada a través de una camisa de lona gruesa y una camiseta de algodón?»* Había un médico del ejército, un coronel a cargo del puesto de socorro, trabajando en segundo plano atendiendo otros asuntos.

—¿Algún antecedente de enfermedad pulmonar?

—Sí, hace unos ocho años… cuando vivía en Italia… Me dijeron que era un caso leve de neumonía. Se curó con un régimen de treinta días de píldoras… que normalmente sólo un caballo podría tragar.

Mientras me examinaba, pensaba en cómo había llegado a Afganistán.

Trabajaba para una empresa de defensa que contrataba principalmente a tenientes coroneles y coroneles retirados del ejército de tierra y del ejército del aire para que ofrecieran asesoramiento externo y capacidad práctica a las fuerzas armadas de Estados Unidos. Teníamos un contrato con el Ejército de

Estados Unidos para aumentar sus esfuerzos por establecer un verdadero Ejército de Afganistán. Nuestra oficina estaba en el campamento Eggers, llamado así por un capitán de las Fuerzas Especiales del Ejército que murió durante la invasión inicial de Kabul. Fui contratado como Experto Superior en Logística para trabajar con el Ministerio de Defensa de Afganistán como asesor y mentor de dos oficiales afganos de alto rango. Llegué a Afganistán a principios de ese año y me había acostumbrado a la rutina diaria. Tenía la sensación de que hoy no iba a ser un día rutinario.

Tras auscultarme el pecho, me dijo que me sentara en la camilla y me quitara la camisa y las placas de identificación. Me colocó monitores de ventosa en el pecho y en el costado. Fue interesante ver los resultados. Era un monitor de electrocardiograma portátil utilizado por el ejército estadounidense en medicina de campo de batalla. Cuando recibió la impresión que revelaba mi estado, todo era una línea plana. Probablemente, la batería estaba agotada o el aparato funcionaba mal.

Me puse un clip en el dedo corazón de la mano izquierda con un cable. Le pregunté para qué servía. Me explicó que era para medir mi nivel de saturación de oxígeno: era del 61%. Más tarde supe que debería ser del 98%.

Le pregunté bromeando si eso indicaba que estaba muerto.

—No, pero lo estarás si no nos ponemos en marcha.

Ciertas palabras se asocian con lugares en los que has estado o cosas que has hecho. Cuando era un joven capitán de las Fuerzas Aéreas de Estados Unidos, me asignaron a un escuadrón de cazas con base en Alemania. Nuestro escuadrón se desplegaba un mes cada vez en Zaragoza, España, para entrenarse en los campos de tiro españoles. Debido a nuestro programa de vuelos, como oficial de mantenimiento, tenía que estar en la línea de vuelo a las cinco de la mañana.

Una mañana, mientras el gran sol español se cocía sobre el horizonte creando hermosas pinceladas de amarillos y naranjas, llegó la visita matutina de Roberto. Conducía una furgoneta de comida que los aviadores llamaban «Roach Coach». Como su inglés era limitado, se detenía en la línea de vuelo y se bajaba a cantar lo que se esperaría en una ópera: «¡Roooach Cooach!». Vendía pastelitos españoles, café, zumo y fruta a los soldados al amanecer. Yo estaba en la cola detrás de uno de mis aviadores que había pedido un café. Cuando Roberto se lo sirvió, tenía un insecto flotando en él.

—¡Eh! ¡Hay un insecto en este café! Roberto miró tranquilamente la taza y dijo:

—No se mueve.

Sacó una cuchara de plástico blanco para quitarlo. Debido a la dinámica de fluidos, no pudo cogerlo. El bicho seguía arremolinándose en perpetuo movimiento. Lo tiró al suelo y preparó otra taza.

No sé por qué, después de que el médico mencionara la palabra «en movimiento», mi memoria se trasladó a España. Supongo que fue una premonición de lo que estaba por venir. No se movía. Estaba a punto de ser el bicho y encontrarme con el movimiento perpetuo.

Un viaje en ambulancia de campaña del Ejército puede ser una experiencia interesante. Me ayudaron a subir a una camilla del ejército y me metieron en la ambulancia. Nos dirigíamos a Camp Phoenix, donde había un hospital de campaña de la ISAF, el primer nivel de atención médica para heridos en combate atendido por fuerzas multinacionales de la Unión Europea.

Además del conductor, había dos médicos de combate estadounidenses en la parte de atrás conmigo. Ambos llevaban fusiles M-16, uno sentado a mi lado con el arma en equilibrio entre las piernas y el segundo sentado junto a una escotilla abierta en la parte trasera, con el cañón de su M-16 apuntando por la ventanilla. Conocía la ruta a través del centro de Kabul y era consciente de los peligros. Aquellos dos jóvenes médicos se iban a asegurar de que no me pasara nada.

Mientras avanzábamos por Kabul, los olores familiares del quinto país más pobre de la Tierra estaban presentes. Había un olor constante a humo producido por los vendedores ambulantes que quemaban cualquier cosa que encontraban para encender sus parrillas en las aceras, que solían estar hechas con bidones de cincuenta galones cortados por la mitad. Cocinaban cordero y pollo para venderlos como tentempié a la gente que andaba por ahí. El humo acre de las parrillas se sumaba a una nube continua de color marrón anaranjado que cubría la ciudad, procedente de las emisiones de automóviles y camiones.

En el campo no había gasolina sin plomo. Además, había un olor constante a algún tipo de material orgánico; una vez tuve una conversación con un médico de medicina ocupacional del ejército que me dijo que el veinte por ciento de las partículas suspendidas en el aire era polvo de materia fecal seca o restos de animales o personas muertas.

Supe que estábamos pasando junto a los muros de la embajada estadounidense cuando el olor pasó de la pobreza y el polvo a las rosas de Kabul. Aunque en la ambulancia no había más ventanas que las de la escotilla trasera, podía identificar dónde estábamos por los movimientos laterales del vehículo. Lo supe cuando pasamos el Círculo Massoud, pasamos los edificios de apartamentos de cinco plantas de aspecto inerte construidos por la Unión Soviética durante sus veinte años de ocupación, muchos de ellos todavía con agujeros de bala, y luego una carrera en línea recta a través del polvo hasta las afueras de Kabul y el Campamento Phoenix.

## Campamento Phoenix, afueras de Kabul, Afganistán, agosto 2005

El hospital de campaña era una instalación de la Fuerza Internacional de Asistencia para la Seguridad. No era un edificio propiamente dicho, sino más bien una ciudad de tiendas de campaña que parecía una unidad M.A.S.H. del ejército. No había camas de hospital, solo mesas de tratamiento. El concepto de atención médica era: si eras miembro de las Fuerzas de la Coalición y estabas herido o enfermo, te estabilizaban y evaluaban para trasladarte al siguiente nivel de atención. Desde allí, a la base aérea de Bagram, a un hospital de las Fuerzas Aéreas de EE.UU. y, si era lo bastante grave, a un MEDIVAC en un C-17 de las Fuerzas Aéreas hacia el hospital del Ejército de EE.UU. en Landstuhl, Alemania.

Cuando llegué a Camp Phoenix, me trasladaron de una camilla a una mesa de tratamiento. Las camillas estaban hechas de espuma de alta tecnología, de unos cinco centímetros de grosor, sellada con plástico transparente. Estaban envueltas en una crujiente sábana verde claro. Yo estaba entre dos soldados que habían pisado minas terrestres de la ocupación soviética. Un alemán estaba a mi derecha y un holandés a mi izquierda. Ambos tenían el pie derecho vendado y la gasa manaba sangre. Inmediatamente me administraron oxígeno a través de una mascarilla de plástico transparente y fui evaluado por un médico italiano. Dos enfermeras alemanas estaban presentes y el médico les dijo que no debía dormirme. Fue fácil de entender porque las dos lenguas oficiales de la OTAN son el inglés y el francés.

—¡Nicht schlafen!
—*ordenó la enfermera.*

Adiós a los idiomas oficiales de la OTAN. De repente comprendí que aquella iba a ser una larga noche.

Bailar toda la noche...

Las dos enfermeras alemanas fueron muy estrictas en el cumplimiento de las órdenes médicas y, en retrospectiva, me alegro de que lo fueran. Jugaron al "equipo de la etiqueta", recordándomelo cada cinco minutos durante toda la noche. Este recordatorio maratoniano me dio la oportunidad de rememorar las vistas, los sonidos y los olores de Afganistán y de mi viaje hasta allí. Mientras miraba al techo de la tienda, tuve doce horas para pensar en ello. Una fuga de ideas, recuerdos, y aquellas dos enfermeras que me mantuvieron despierto. Me pasé toda la noche tumbado boca arriba intentando recordar cómo había llegado hasta allí, teniendo en cuenta que no había estado hospitalizado ni un solo día en mi vida. Había pasado veintidós años como oficial en las Fuerzas Aéreas de Estados Unidos, principalmente como oficial de Logística e Ingeniería. Había trabajado mucho en logística internacional, en los Balcanes, el norte de África, Turquía y Oriente Próximo. Mi trabajo en Afganistán era una continuación natural de lo que había estado haciendo durante la mayor parte de mi vida adulta.

—¡Nicht schlafen! —la voz cortaba la respiración, que se estaba volviendo difícil... seguía adelante.

—¿Te has dado cuenta de que el agua salada del océano cura las hemorroides? —levantó su bebida, dio un gran sorbo y se limpió la boca con el dorso de la mano.

—No, Ralph. No he pensado mucho en ello. Me he dado cuenta de que el agua del mar es salada, pero nunca he pensado que pueda curar las hemorroides porque no las tengo.

—Bueno, si alguna vez las tienes, siéntate en el océano un par de horas. Funciona muy bien durante unos dos días.

Acababa de llegar a Dubái tras dieciocho horas de vuelo de Dulles a Ámsterdam y, tras una escala de ocho horas, estaba en Dubái. Me había registrado en el hotel Le Méridien, junto al aeropuerto, donde tenía previsto estar dos días antes de ir al interior del país, a Kabul. Estaba en el Lobby Bar cuando conocí a Ralph. Trabajaba para la misma empresa que yo y estaba de permiso para descansar de su estancia en Afganistán. Resultó que íbamos a trabajar en la misma oficina.

Ralph tenía unos cincuenta años y llevaba más de veinte en Oriente Próximo y Asia. Había trabajado en India, Turquía e Indonesia. Más tarde fue expulsado de Arabia Saudí por razones que no quiso explicar. En su continua búsqueda de una crisis, aterrizó en Afganistán. Se había licenciado en contabilidad en una escuela de la Ivy League. Más tarde me explicó que la gente, sobre todo los contables, no entienden el significado de «contar alubias» hasta que han trabajado en Etiopía.

Medía un metro ochenta, tenía unas piernas delgadas que sobresalían de unos pantalones cortos caqui hasta la rodilla y una enorme barriga cubierta por una camisa hawaiana. Para acentuar su vestuario, llevaba sandalias de playa naranja fluorescente y gafas de sol redondas a la moda de John Lennon a finales de los sesenta.

—Después de una noche de borrachera y putas, vuelve al océano. ¡Eh, camarero! Dame otro whisky.

—¿Cuánto tiempo llevas en Afganistán?

—Alrededor de un año. Trabajaba para el puto Cuerpo de Paz como analista presupuestario. Me cansé de la efervescencia y la ingenuidad de esos chavales que tenían buenas intenciones pero ni idea de cómo funciona realmente el mundo. El Cuerpo les daba algunas instrucciones, pero no un arma, y luego los arrojaba a los peores agujeros de mierda tercermundistas del planeta y les decía: «Tenéis un año, pasadlo bien». Luego, cuando terminaban su año, si vivían, volvían a la universidad, se convertían en profesores asistentes y daban conferencias con autoridad sobre cómo todos los problemas de este mundo son el resultado de la falta de perspicacia o inacción de los estadounidenses. Al final decidí que ya había oído suficiente de su mierda izquierdista, así que seguí su ejemplo y me fui.

Encendió un cigarrillo, bebió un trago de Bushmills y sonrió satisfecho. Me di cuenta de que sus pensamientos se remontaban al pasado.

Estábamos viendo a un grupo de cooperantes europeos que acababan de regresar de Afganistán. Bebían cerveza y cantaban, sintiéndose bien por estar vivos.

—Lo que está ocurriendo en Afganistán no es muy distinto de un proceso químico llamado «cross linking». ¿Ves a esos cooperantes de allí? Están trabajando en ausencia de un concepto básico —Ralph estaba ligeramente intoxicado.

—Creo que intentan ayudar.

—Es el enfoque de Occidente, se divirtieron mucho.

—¿Entretener? ¿Como entretenerse con sus esfuerzos?

—No. Musitando, como pensando en lo que están tratando de hacer. Cuando nos encontremos en Kabul, te voy a presentar a un teniente que es mucho más eficaz en ayudar a la gente que estas organizaciones benéficas de gran tamaño son.

—Entonces, ¿qué concepto básico falta?

—Lo que está pasando en Afganistán me recuerda a una clase que me obligaron a escuchar en Química Orgánica. Era sobre «enlace cruzado». Necesito otro trago para ver si lo recuerdo.

—Creía que estudiabas Contabilidad.

—Lo era, pero necesitaba algo fácil para graduarme. ¡Eh, camarero!

Tomó un sorbo, se levantó y anunció a la barra:

—¡Escuchad todos! Acabo de tener una profunda idea que quizá queráis oír.

Los trabajadores de Christian Aid dejaron de cantar y miraron hacia allí.

Ralph levantó su copa y declaró:

—En Afganistán se está haciendo historia. Se llama enlace cruzado. Se trata de un conjunto secundario de reacciones que unen cadenas de polímeros naturales y sintéticos. Estas reacciones suelen ser diferentes de las que se utilizan para preparar inicialmente cadenas de cualquier fibra, pero pueden ser similares o iguales cuando las reacciones a condiciones como la presión térmica y la exposición química son diferentes o más severas, como la alta temperatura, la tensión y el tratamiento químico, que es lo que han hecho la Unión Soviética y los iraquíes.

Hizo una pausa y bebió un trago de su vaso. Yo estaba fascinado. Estaba claro que el tipo estaba en racha. Le pregunté si podía usar su encendedor. Era un viejo Zippo de acero inoxidable con un logotipo circular grabado de un grupo de apoyo al síndrome del intestino irritable. El nombre del grupo en el centro era: FART. Encendí un cigarrillo, me recosté en la barra y disfruté de que todos los presentes observaran a Ralph. No sabía si era su humor de bar o si hablaba en serio.

Brindó por los cooperantes, encendió otro Lucky Strike y continuó:

—Como resultado de esas reacciones, el sustrato o las cadenas individuales actúan menos independientemente y más como una red. El entrecruzamiento es un paso de acabado, aunque en muchos casos mejora el rendimiento en aplicaciones de uso final, proporciona mayor fuerza y resistencia química. También puede limitar las aplicaciones de uso final al hacer que el producto acabado sea menos flexible. El proceso es menos flexible y se mejoran otros aspectos. En el aspecto humano, generalmente solo hay una oportunidad de hacerlo bien y los resultados se estudiarán después, para bien o para mal. Llévense esos pensamientos a Afganistán.

Los cooperantes aplaudieron. Se sentó y siguió hablando conmigo en privado.

Terminé mi copa, puse el vaso sobre la barra y le dije:

—Ralph, estás lleno de mierda.

—¡Ja! ¡Eh, camarero!

—Ralph, después de haber pasado muchos años trabajando en esta parte del mundo, y en África, creo que hay una necesidad urgente de ayudar.

Me miró y me dijo:

—Después de haber perdido muchos años en África intentando ayudar a un montón de gente que son básicamente hombres de las cavernas, llegué a la conclusión de que la caridad es un chanchullo. Piensa en la ayuda del gobierno de Estados Unidos contra el SIDA en África. Qué idea más estúpida. Tratar de ayudar a personas disfuncionales es una pérdida de tiempo, y estos esfuerzos de ayuda han establecido una industria que tira de la fibra sensible de la gente. Me recuerda a cuando era niño en Nueva York y veía la colecta del Ejército de Salvación en Navidad. Recogen dinero de personas que no pueden permitírselo, les quitan una parte y dan los restos a personas que no lo necesitan, porque van a morir de todos modos. Piensen en ello. El presidente quiere que el contribuyente estadounidense suelte seis mil millones de dólares para comprar preservativos para gente de África que no sabe usar un lápiz, y mucho menos un preservativo. Se pueden comprar muchos condones con seis mil millones de dólares.

Encendió otro cigarrillo, exhaló y dijo:

—Lástima que no se usen.

El tipo me tenía intrigado. Era evidente que no trabajaba para Médicos Sin Fronteras.

—Ralph, piensa en cualquier esfuerzo de ayuda. Es un esfuerzo, no necesariamente una solución. Creo que al final no se nos juzgará por los resultados, sino por nuestras intenciones y esfuerzos. Es mejor si intentas conseguir algo que no siempre sucede, pero como humanos tenemos que hacer el esfuerzo.

Me miró incrédulo y dijo:

—Es la cosa más tonta que he oído nunca.

—Lo descubriremos al final de nuestros días.

Encendió otro Lucky Strike y dijo:

—Esa árabe de ahí tiene un buen culo. ¿Quieres otra copa?

—Claro.

Ralph miró a la mujer y dio una calada a su cigarrillo. Yo sabía lo que estaba pensando. Tenía un buen culo.

—¿Qué haces en Kabul?

—Estoy tratando de establecer un sistema financiero para el Ejército Nacional de Afganistán.

—¿Y cómo va eso?

—Es difícil hacerlo sin un sistema bancario, y ninguno de los soldados del ejército de Afganistán quiere aceptar dinero afgano. También hay una cultura de coger lo que se puede cuando se presenta. Un buen ejemplo fue la semana pasada, cuando enviamos ochenta mil dólares estadounidenses al Banco Nacional de Afganistán en Herat. El dinero estaba destinado a pagar los salarios de las tropas del ejército afgano en esa región. Se necesitó un convoy de cinco vehículos con dos cañones calibre cincuenta en los vehículos de cabeza y de retaguardia, y cañones de 7,62 mm en el medio. El dinero estaba en taquillas de medio metro. El encargado firmó por él. Los soldados americanos arriesgaron sus vidas yendo y volviendo. El único problema fue: a la mañana siguiente, el gerente del banco había desaparecido y también los ochenta mil.

—Entonces, ¿cuál es tu enfoque?

—Seguir intentándolo. Lo mejor que puedes hacer es intentar enseñarles. Tienes que entender que había, y sigue habiendo, a pesar de la versión oficial, seis tribus controladas por seis señores de la guerra. Les pagaban con lo que podían robar. Tras la invasión estadounidense, Karzai llegó al poder y decidió crear una nación normal, algo poco habitual por estos lares. Decidió, con la ayuda de Occidente, que Afganistán necesitaba crear un ejército nacional, una idea creativa si se tiene en cuenta que en Afganistán nunca ha existido un verdadero ejército. Así que nombró generales a todos los señores de la guerra. Les quitó la vestimenta tribal y les proporcionó uniformes.

Le miré incrédulo y le dije:

—Es la cosa más tonta que he oído nunca.

Hice una pausa y pregunté:

—¿Estamos progresando?

—Sí, de momento. Pero te diré que en cuanto el mundo apague las cámaras y los estadounidenses se vayan a casa, las cosas volverán a ser como antes. La única diferencia es: los estamos entrenando según los estándares del ejército americano. Los señores de la guerra tendrán las tribus mejor entrenadas, mejor equipadas, más disciplinadas y con un cuerpo de oficiales profesionales. Por primera vez en la historia de Afganistán no tendrán que luchar a caballo o con una caballería de camioneta. Se trata de las amapolas en el Oeste y de la Ruta de la Seda en el Sur.

Estaba algo borracho, pero sus ideas me parecieron interesantes e inestimables.

—Oye, Ralph, me voy a la cama. Ha sido un largo viaje desde Dulles, con una escala de ocho horas en Ámsterdam, hasta aquí. Desayunemos juntos por la mañana y hablemos más.

—Vale. Tú duerme un poco. Yo voy a por un coño.

—¡Nicht schlafen!

La respiración se hace más difícil… sigue… ¡No te rindas!

Después de veintidós años en el Ejército del Aire tratando con jóvenes alistados, he tenido que lidiar con todo tipo de problemas, normalmente autoinfligidos. El pequeño porcentaje de aviadores no podía ser más creativo a la hora de buscarse problemas. A la mañana siguiente, cuando preguntabas al infractor qué había pasado, su respuesta era siempre: «Nada». Me asombraban las categorías de delitos que se describían como nada.

Mientras observaba a Ralph dirigirse hacia la mujer árabe, aunque era mayor y debería saberlo mejor, tenía el potencial de no crear nada. Afortunadamente, él no era mi problema. Cuando salía, oí por encima del hombro:

—¡Eh, camarero! Dame otro whisky.

A la mañana siguiente, mientras me tomaba un café y leía el *International Herald Tribune*, Ralph se sentó a la mesa. Parecía que estaba pagando por la noche anterior. Iba vestido para la ocasión: llevaba unos pantalones cortos morados hasta la rodilla, una camisa hawaiana amarillo fluorescente con flamencos rosas como motivo, sandalias de playa y unas gafas de sol oscuras y baratas. Parecía algo que se pondría en lo alto de una torre de agua para evitar que los aviones chocaran contra ella.

—Vamos, síganme. Hay un bar abierto junto a la piscina. Necesito un Bloody Mary.

Mientras paseábamos por la piscina con el cielo despejado y un sol radiante, nos cruzamos con un turista europeo tumbado en una tumbona junto a la piscina. Medía un metro noventa, pesaba unos cien kilos y llevaba un Speedo naranja internacional. Al pasar junto a él, Ralph sacó el brazo, señaló con el dedo índice y bramó:

—¿Qué demonios es eso?

Nos sentamos en el bar de la piscina. Ralph pidió un Bloody Mary, yo un Screwdriver. Es lo mismo que un Bloody Mary, pero hecho con zumo de naranja. Ambos dimos un sorbo a nuestras bebidas, miré a Ralph y le pregunté:

—¿Tienes el síndrome de Asperger? El síndrome es el último diagnóstico de la medicina moderna para explicar por qué algunas personas son socialmente retrasadas.

—No que yo sepa.

Bebí un sorbo de mi destornillador, divertido, porque rara vez se encuentra gente tan sincera.

—Así que tu año está a punto de terminar. ¿Qué vas a hacer ahora?

—Tengo una hermana en Washington que está enferma y a punto de ingresar en un hospicio. Creo que debería estar allí cuando muera.

Ambos bebimos un sorbo. El sol de la mañana era brillante, bailando en el agua.

—¿Tienes algo planeado?

—Todavía no. Pero si no encuentras trabajo en Washington, no tienes empleo. No tengo ninguna duda sobre el futuro. *I'm just not looking forward to it.*

—¿Por qué? Después de un año en Afganistán, yo pensaría que te haría ilusión el descanso.

Encendió otro cigarrillo, cerró el mechero y dijo:

—El Gobierno federal y el mundo empresarial de Estados Unidos me dan asco.

Miró al hombre gordo de la tumbona y continuó:

—Tenemos una generación de chavales dispuestos a viajar dos horas en cada dirección para sentarse en un cubículo todo el día y chocar los cinco cuando la oficina adquiere una nueva fotocopiadora o un nuevo programa informático. Toda su vida se basa en uno y cero, no en personas o lugares. De hecho, oí una conversación entre un "mentor" y estos chicos en la que hablaban de lo barato que es comprar corbatas de satén en lugar de seda. Por eso me fui. Me dieron ganas de vomitar.

Dio una calada a su cigarrillo y continuó:

—En los sesenta era el flower power. Cuando se acabó, te quitabas los tintes de corbata y seguías adelante. En los setenta fue la música disco. Cuando se acabó, donaste toda esa ropa al Ejército de Salvación. Por eso hay tantos vagabundos que se parecen a John Travolta. En los ochenta era ganar dinero. Algunos sí, otros no. En los noventa y hasta ahora, es la generación extrema: los tatuajes, los piercings y los deportes extremos. ¿Sabes por qué existe toda esa mierda? Intentan desesperadamente añadir algo a sus vidas. ¿Qué esperan? Les han lavado el cerebro haciéndoles creer que una existencia con sentido es trabajar en un cubículo y hacerse un tatuaje. Les falta algo intelectual y divertido en sus vidas. Son incapaces de pensar en el futuro. Es solo boogie a toda marcha porque están tan malditamente aburridos. La ironía es que no hay nada intelectual en hacer algo extremo. La industria del futuro será cuando toda esta gente crezca, se pase a otra moda y quiera quitarse todos los tatuajes.

Dio un sorbo a su Bloody Mary, encendió otro cigarrillo Lucky Strike y continuó:

—Cuando veo un anuncio que explota la expresión de mierda "piensa fuera de la caja", me hace preguntarme: "¿qué estás haciendo en una caja en primer lugar?" La palabra "caja" es la palabra clave de la generación digital para un cubículo. Todo el entorno es tan jodidamente rancio que tienen que tener "vistas libres" para pensar en común qué hacer. Cada vez que se necesita un grupo para tomar una decisión, el resultado va a apestar. ¿Sabes cuál es el verdadero cero y uno básico? El cero es el cañón de un arma y el "uno" es la bala que sale de él.

Terminé mi destornillador. Hubo una pausa en la conversación y, aunque no estaba en desacuerdo con sus conceptos básicos, finalmente dije:

—Ralph, quizá deberías quedarte aquí.

—Podría ser una opción.

—¡Nicht schlafen!

*Vamos, respira...*

El idioma alemán me hizo recordar cuando era niño y crecí en Gießen, Alemania. Mi padre trabajaba para el gobierno de EE. UU. y había alquilado una hermosa casa al otro lado de la calle de lo que los lugareños llamaban «Lago de los Cisnes». La casa tenía un camino de entrada descendente de unos veinticinco metros de largo. El patio tenía muchos manzanos y tengo muchos recuerdos maravillosos de recoger las grandes y dulces manzanas verdes.

Había muchas manzanas y mi madre no quería desperdiciar ni una. Comíamos tartas de manzana, puré de manzana, zumo de manzana, mantequilla de manzana, etc. Mi padre me dijo una vez, cuando estábamos solos, que le daba miedo echarse la siesta en el sofá porque temía que mi madre le metiera una manzana por el culo. Había tantas que mi padre y mi madre organizaban fiestas para recoger manzanas. Todos sus amigos se pasaban por casa, disfrutaban de unos aperitivos y de cerveza y vino alemanes y cogían todas las que querían. La única regla era: trae tus propias bolsas.

Un día, mi madre decidió que los jardines necesitaban color. Quería un contraste con el hermoso verde esmeralda que es Alemania en primavera. Decidió plantar rosas rojas de tallo largo desde la puerta de entrada hasta el portal. A menudo, cuando volvía a casa del colegio, cruzaba la verja y me la encontraba arrodillada en los rosales, con un sombrero de paja de ala ancha, cuidando de sus flores. Eran preciosas.

—¡Nicht schlafen!

Respira... empuja...

Mientras jadeaba en la camilla, pensé en mi mujer, Anne. La conocí cuando era una joven capitana y médico residente en un programa de medicina familiar en Washington, D.C. Una noche, en esas pocas ocasiones en las que tenía una noche libre, cenando en un maravilloso restaurante de Georgetown, estuvimos recordando a nuestras familias y cómo crecimos. Le conté una anécdota de cuando yo tenía seis años y me metí en un lío. No recuerdo los detalles, pero estaba escuchando a escondidas la conversación de mis padres y recuerdo que mi padre le dijo a mi madre la frase de siempre: «No te preocupes, Betsy, Edmund es el tipo de persona que puede caer en un montón de mierda y salir oliendo a rosa». Nunca se lo mencioné a mi mujer en los siguientes veintidós años.

—¡Buenas noches, schlafen!

*Inhala, exhala, inhala, exhala...*

Muchos años después, estaba destinado como mayor y más tarde ascendido a teniente coronel en Italia durante la guerra de los Balcanes y trabajaba como director regional de logística para el Componente Aéreo de la Región Sur de la OTAN. Anne y yo alquilamos una villa en el noreste de Italia, en el campo, entre los pueblos de Iutizzo y Gorizzo. La ciudad más cercana era

Condroipo. Era la región del vino blanco italiano. Detrás de la casa había más de ochocientas hectáreas de viñedos.

La villa estaba situada en unos dos hectáreas de jardines planificados y bien cuidados, con un camino de entrada de unos treinta metros de largo rodeado por una verja de hierro negro de tres metros de altura y una puerta con puntas de lanza en la parte superior de cada travesaño vertical. Podía abrirla con un mando a distancia que guardaba en la guantera del coche. Parte del contrato de alquiler consistía en que yo debía pagar al jardinero que trabajaba allí desde hacía veinte años. Él mantenía los jardines y estaban inmaculados. Se llamaba Secondiamo y le apasionaban las rosas.

Frente a la puerta principal había una rosaleda triangular. Secondiamo había creado un maravilloso jardín de rosas amarillas de tallo largo. Como es habitual en las casas italianas, la villa no tenía aire acondicionado. Durante el verano, abríamos las ventanas de la parte delantera y trasera de la casa para que entrara la brisa. Muchas noches, cuando estaban en plena floración, la casa se llenaba de la fragancia de las rosas. El único inconveniente de las rosas son las espinas. Lo descubrí por casualidad al volver de Eslovenia con neumonía. Mis pensamientos iban dando tumbos y volví a preguntarme: ¿cómo he llegado hasta aquí?

—¡Nicht schlafen! —La enfermera me sacudía por el brazo. Mientras intentaba respirar, pensé en el puesto de socorro de Camp Eggers.

—¿Algún antecedente de enfermedad pulmonar? —La pregunta me evocó un recuerdo.

Pensé en cuando mi mujer y yo llevábamos muchos años trabajando en Europa. Al principio de nuestra excursión europea, decidimos que íbamos a celebrar la Nochevieja en todas las capitales europeas. Debido al número de años que llevábamos allí, nos estábamos quedando sin sitios a los que ir. Entonces cayó el Telón de Acero y se abrieron nuevas posibilidades.

Por aquel entonces vivíamos en nuestra villa del noreste de Italia. Estábamos sentados junto a un fuego cuyo hogar estaba construido en redondo, rodeado de bancos tapizados. Era algo único en la región italiana de Friuli, al estar tan cerca de los Alpes, no solo para calentarse, sino también para cocinar. Utilicé las vides de uva cosechadas que procedían de las vastas extensiones de viñedos que había detrás de la villa. Secondiamo recogía la leña y la apilaba en un viejo granero que había detrás de la casa.

Una noche de noviembre, hacía un frío glacial. Encendí un fuego y lo hice rugir. El olor de las parras de uva quemadas, algunas tan grandes como un brazo, reventaba y producía un calor de lo más agradable. Ambos bebíamos vino blanco frío de los viñedos de atrás. Le pregunté: —¿Qué quieres hacer en Año Nuevo? —Liubliana. Es una de las pocas capitales en las que no hemos estado. Desde el final de la Guerra Fría, hay muchos sitios a los que podemos ir.

Pensaba en las normas de la Guerra Fría, cuando ambos éramos oficiales de las Fuerzas Aéreas con habilitaciones de seguridad y no podíamos viajar a ciertos lugares a menos que se tratara de un asunto oficial. Una vez caído el muro, podíamos ir donde quisiéramos.

—OK. Tú haces los arreglos.

—¡Nicht schlafen! —Estaba haciendo una pirueta en el espacio—. Vamos; ¡aprieta!

Dos días después de Navidad, íbamos en coche a Liubliana. Hacía buen tiempo, cielo despejado y frío. Desde donde vivíamos, Liubliana estaba a unas dos horas en coche hacia el norte. Podía ver los Alpes italianos a eso de las once, con nieve en los picos. Anne conducía porque yo me sentía muy cansado. El país era precioso a medida que nos acercábamos a Trieste. Tras cruzar la frontera con Eslovenia, la diferencia era notable. La Guerra Fría había terminado, pero lo que quedaba en lo que solía ser el Este estaba claramente veinte años por detrás de lo que estábamos acostumbrados. Me recordó a cómo era Alemania cuando fui por primera vez de niño, a principios de los sesenta.

Paramos en la ciudad de Postojna. Era conocida por sus cavernas con salamandras prehistóricas únicas. Un empresario local ofrecía paseos en barca por la caverna inundada de Postojnska Jama. Mi mujer y mi hija querían hacer el corto viaje en barca por la cueva. Le dije a Anne que no me encontraba bien. Ellas fueron a hacer la excursión y yo me quedé en el café local que estaba justo a la entrada de la caverna. Entré y vi una chimenea con un cálido fuego encendido, elegí una mesa junto a ella. Cada mesa tenía una sola rosa roja en una pequeña botella de grappa italiana. No me interesaba la cerveza ni el vino, pero me gusta probar cosas locales, así que pedí una bebida regional llamada *Crystallizer Koum-Kouat Vassilakis*. Se embotella en Grecia y es vodka en una botella llena de recortes de kumquat. Bastante diferente, rozando el asco. Después de uno, me pasé al café.

—¡Buenas noches, schlafen!

—*Mi corazón estaba acelerado*—. *Esfuérzate. Respira.*

Al cabo de una hora, Anne y Allison aparecieron y continuamos nuestro viaje a Liubliana. Pasamos por pueblos pintorescos y paisajes maravillosos y entramos en la ciudad. Debido a mi pésimo sentido de la orientación, Anne conducía.

Nunca entendí cómo podía hacerlo, pero si la metías en cualquier ciudad extraña del mundo, era capaz de encontrar adónde quería ir. Nos acercamos a la ciudad desde el sur y seguimos por uno de los bulevares principales, llamado Slovenska Ceta. Encontramos el hotel a la izquierda, paramos delante y descargamos las maletas. Mientras yo me registraba, Anne aparcaba el coche. Mientras rellenaba la tarjeta de registro y facilitaba nuestros pasaportes, el empleado del registro preguntó: —¿Han estado antes en Liubliana? —No. Mi mujer y yo pensamos que esta ciudad sería divertida para Nochevieja. Sonrió ampliamente y dijo: —Lo es. A continuación, puso una pequeña copa de vino sobre el escritorio, metió la mano bajo el mostrador, sacó una botella y sirvió un chupito de *Crystallizer Koum-Kouat Vassilakis*. Dijo: —Para el Año Nuevo y el futuro.

—¡Nicht schlafen!

*Puedo hacerlo. Inhala, exhala...*

Nos fuimos a cenar a las nueve de la noche. El restaurante se llamaba *Pri Sv Florijanu*. Era un lugar muy tranquilo y apacible. Había un cuarteto de cuerda tocando suavemente a Vivaldi. Pedí un menú de tres platos: ternera, pescado y postre. Anne pidió una brocheta de carne. Compartimos una botella de vino esloveno. Después de cenar, mientras tomábamos un digestivo, Fernet, pregunté: —Pasado mañana, ¿a qué hora quieres irte? Anne me miró atónita y preguntó: —¿De qué estás hablando? —Hay una guerra en Bosnia. Van a pasar cosas que no quiero comentar aquí, pero tengo que estar de vuelta el día 2. —Bueno, yo estoy de permiso hasta el cinco. Creía que tú también. — Cariño, obviamente tenemos un gran malentendido. Tengo que volver el día 2. La mejor forma de solucionarlo es que yo coja un tren de vuelta y tú y Allison recorráis la zona. Estaré en casa cuando vuelvas.

Después de cenar, nos pusimos los abrigos de invierno y nos dirigimos a *Preernov trg*, la plaza central en el corazón de la ciudad, para ver los fuegos artificiales. La iglesia franciscana de la Anunciación y la estatua del poeta nacional Franc Presern estaban iluminadas. La catedral rosada y la estatua de granito parecían un centro de gravedad apropiado teniendo en cuenta los vaivenes del péndulo de la historia que había sufrido el país. La plaza estaba abarrotada de grupos de amigos, cada uno con su botella de champán o vino. Caían pequeños copos de nieve y había un rastro de nieve en el suelo. Cuando terminó la misa y la gente salió de la catedral, empezaron los fuegos artificiales. Con cada estampido, crujido, ruido sordo y estallido, la multitud lanzaba vítores. Se alzaban botellas, se intercambiaban besos y abrazos. Recuerdo que pensé que era una maravillosa celebración de la vida y el futuro. Se respiraba optimismo y esperanza.

## 3

El día de Año Nuevo fue frío y nublado. Fui a la estación de tren para comprobar el horario de mi viaje de vuelta a Codroipo. Tenía que cambiar de tren en Trieste para seguir hasta Udine. Desde allí, tenía que coger un tren lechero que pararía en todos los pueblos durante el resto del trayecto. Iba a ser un día largo.

Después de comprar el billete, me reuní con mi mujer y mi hija en un café frente a la estación. Era mediodía y me quedaban unas dos horas de espera. Ana pidió una Coca-Cola y mi hija un sorbo de leche. Yo pedí una cerveza local. Hablamos de mi urgencia por volver y de la guerra de los Balcanes.

Veinte minutos antes de la salida prevista, pagamos la cuenta y cruzamos la calle hasta la estación de tren. Mi tren estaba en el andén tres. Llevaba un bolso colgado y una pequeña bolsa de cuero que utilizaba para llevar mis artículos de aseo, ropa interior y calcetines. Metí las bolsas en el tren, les di un beso a las dos chicas y subí. Puse las maletas en un portaequipajes, bajé la ventanilla y saludé a Ana. Ella gritó:

—¡Te llamaré cuando crea que estás en casa!

Mientras el tren se alejaba lentamente de la estación, se levantó viento. Era una tarde oscura y fría. Cerré la ventanilla, saqué un libro de mi bolso de cuero y me puse a leer.

—¡Nicht schlafen!

*Inhala, exhala, inhala, exhala...*

El viaje en tren a casa no fue la ruta más directa. Saliendo de Liubliana, la siguiente parada importante era Trieste. Cuando llegué a la estación principal de Trieste, dejé el libro y observé a la gente de toda Europa que salía y subía al tren, apresurándose con la determinación de que iban a alguna parte o volvían a casa.

De allí, a Udine. Cuando llegué, me esperaba una hora y media el tren de la leche a Codroipo. Cogí mis maletas en el rellano y las llevé a un café que había al final de la vía. La cafetería tenía las típicas mesas de pie, como a la altura del pecho para la gente que estaba de paso. Dejé las maletas y pedí un café expreso y un pastelito de queso. Me sentía agotado y no sabía por qué.

Mientras estaba allí tomando café, a unos seis metros había un hombre serbio con jaulas de pájaros. Intentaba vender los pájaros a cualquiera que intentara coger un tren. Era uno de los mejores ejemplos que había visto de marketing deficiente: ¿Por qué iba a querer comprar un pájaro alguien que va a coger un tren y lleva equipaje? Sospechaba que, al final de su jornada comercial, se los llevaba a casa y se los comía.

El viaje de Udine a Codroipo fue tranquilo y muy lento, ya que se paraba en todos los pueblecitos del trayecto. Yo era el único pasajero del vagón y estuve leyendo durante todo el trayecto. Me obligué a mantenerme despierto para no perderme la parada. Esa parte del viaje se me hizo eterna.

Cuando llegué a Codroipo, me levanté mientras el tren se detenía. Sentí un dolor en el pecho. No me pareció raro, ya que había estado sentado en la misma posición todo el día. Recogí mis dos maletas, bajé del tren y caminé por la estación hasta la parte delantera, donde había una rotonda y esperaban los taxis. Yo era el único ser humano en la estación de tren. Mientras salía, pensé:

—Ya casi estoy en casa.

Miré a mi alrededor y no había ni una persona ni un vehículo. Entonces caí en la cuenta: era la tarde del primer día del Año Nuevo.

—¡Nicht schlafen!

*Respira, hazlo. Sigue pensando, sigue trabajando...*

No tuve más remedio que coger las maletas e irme andando a casa, que estaba a unos cinco kilómetros. Caminé unos quinientos metros hasta el centro de la ciudad. Necesitaba descansar. Mi Café Centrale favorito estaba cerrado, pero había otro a la vuelta de la esquina. Como estaba de camino a casa, comprobé si estaba abierto. Estaba abierto. Normalmente no iba porque las luces eran tan brillantes que necesitaba gafas de sol. Era el único café abierto, así que me detuve.

La cafetería me recordó al cuento de Hemingway *Un lugar limpio y bien iluminado*. Dejé el bolso en la barra y pedí un Sambuca. Respiraba con dificultad y pensaba en el resto del camino. Era una noche sin luna y muy oscura, y sabía que, en cuanto saliera de Codroipo, iba a ser peligroso. No había aceras e iba a tener que caminar cargado con dos bolsas por una carretera rural de dos carriles perfectamente rectos donde los conductores italianos se abrían a velocidades superiores a los ochenta kilómetros por hora.

De vez en cuando, había algún coche corriendo por la carretera y yo sabía que lo último que esperaba el conductor era un peatón cargado con dos maletas. Cada vez que oía el ruido de un motor o veía los faros, me metía en la zanja de metro y medio de profundidad que había a cada lado de la carretera.

Por fin llegué a la villa y me quedé mirando una verja de hierro de doce pies con punta de lanza en la parte superior de cada miembro vertical. Normalmente, la abriría con un mando a distancia. Aunque tenía las llaves de la casa, me di cuenta de que el mando a distancia estaba en la guantera de mi coche, que podía ver a lo lejos. Dejé las maletas en el suelo y me decidí: la única manera de llegar por fin a casa es escalar esa verja.

Había dos travesaños horizontales equidistantes que utilicé como escalera. Subí al más alto, balanceé la pierna izquierda y pensé:

—Llevo zapatos con suela de cuero. Si resbalo, me empalarán y nadie me encontrará hasta el amanecer.

Una vez arriba, abrí la casa, pulsé el botón de la puerta manual y cogí mis maletas. De camino a la puerta principal, y debido al peso asimétrico de las bolsas, tropecé con un adoquín y aterricé en las rosas podadas. Entré por la puerta, dejé caer las bolsas y pulsé el botón del interior de la puerta principal para cerrar el portón. Fui a la cocina, me enjuagué la sangre de los brazos y me serví un trago de Jack Daniels. Lo agité en la boca, lo escupí en el fregadero e inhalé los vapores. Oía crujir mis pulmones.

Allí, de pie, intentando respirar, sonó el teléfono.

—Hola, Ed, pensé que ya estarías en casa. ¿Cómo estás?

—No puedo respirar.

—Bueno, ve a la clínica mañana a primera hora y hazte una radiografía de tórax. Llamaré al médico de medicina interna cuando colguemos y le diré que vas a venir.

—¿Qué pasa si me muero esta noche?

—pregunté bromeando.

—Entonces no tendrás que hacerte una radiografía de tórax por la mañana.

—¡Nicht schlafen!

Respira, respira. Sigue intentándolo. Dios, por favor, haz que pare.

Después de Italia, me destinaron a Arizona, donde mi mujer y yo compramos una casa. Echaba de menos la fragancia de las rosas italianas, así que decidí plantar un jardín. Arizona es el clima perfecto para cultivarlas si las riegas lo suficiente. De hecho, el rosal más grande del mundo está en Tombstone. Hay que pagar una entrada para verlo, pero el viaje merece la pena. El resto de Tombstone es un lugar donde se esconden unas 1800 personas que no quieren vivir con el resto del mundo.

Cuando dejamos Arizona nos trasladamos a Maryland. Yo acababa de construir una casa y decidí, después de las rosas de Italia y Arizona, cultivar rosas como hobby. El viaje a Afganistán empezó con una llamada telefónica mientras estaba deshojando mis rosas en el jardín recién creado. El vicepresidente de la División Internacional de mi empresa me preguntó:

—Tengo un puesto vacante en Afganistán, ¿quieres ir?

«¡Nicht schlafen!

*No te rindas, respira, respira...*»

Intentando por todos los medios no quedarme dormido, pensé en mi introducción en Afganistán. Dos días después de conocer a Ralph, ya estaba en un vuelo de Afghanistan Airline rumbo a Kabul. Con la excepción de una cabra en la parte trasera de la cabina, que se volvió loca durante el despegue y el aterrizaje por los cambios de presión, fue un vuelo rutinario.

Cuando aterrizamos en Kabul, comenzó la sinfonía. Se oyó la cacofonía habitual del mundo islámico. Por muchas razones culturales, allí no existen las filas ordenadas. Hasta entonces pensaba que los peores eran Marruecos y Turquía, pero Afganistán superaba con creces cualquier ausencia de civismo que hubiera conocido. Todo eran empujones.

La cabra seguía furiosa y daba cabezazos a la gente. Su dueño le había atado una cuerda al cuello y trataba desesperadamente de alejarla de la multitud. No ayudaba el hecho de que un afgano con aspecto de entrenador de Al Qaeda la golpeara con un bastón. En esa parte del mundo, si eres propenso a ser pasivo, no llegarás muy lejos. Allí, la gente solo es educada con quienes conoce.

«No te rindas, respira, respira...»

Me sacaron del aeropuerto hacia una gran rotonda que servía como punto de recogida y entrega. Era similar a un tiovivo muy lento, donde los coches y burros de fuera se movían en sentido horario y los de dentro en sentido contrario. De vez en cuando alguien daba la vuelta en U, todos tocaban el claxon o gritaban.

Desfilaban todo tipo de vehículos, desde carros tirados por burros hasta autobuses ucranianos. Había un camión del ejército chino pintado de azul, con bancos en la plataforma. Probablemente era robado. En el portón trasero había una inscripción en letras blancas en chino. Más tarde supe que decía: «La Compañía de Transporte Humano Correcto, Justo y Superior». El ruido y el polvo se sumaron a la bienvenida.

Mark Twain escribió una vez: «La historia no se repite, pero rima». Mientras estaba fuera de la terminal, un comerciante local se me acercó y quiso venderme una paloma. Estaba enjaulada en una estructura hecha con ramas de parra. Mis ojos siempre han sido muy sensibles a la luz de la mañana, y el sol era casi abrumador.

—¿Quieres? —me preguntó el comerciante.

—No —respondí, entrecerrando los ojos.

—Por favor, hace muy buena comida para gatos.

—Por si no te has dado cuenta, no tengo gato.

—OK, para ti, mi amigo, bajo el precio a dos dólares. —Piérdete.

«¡Nicht schlafen!»

Concéntrate, respira. Inhala, exhala, inhala, exhala... Mantenerse despierto es cada vez más difícil.

Un americano se acercó y me preguntó si trabajaba para mi empresa. Le dije que sí. Se presentó e intercambiamos saludos. Luego me explicó que me llevaría al piso franco donde viviría durante el año siguiente. Le acompañaban dos hombres afganos. Se volvió hacia ellos y les dijo algo en dari, el idioma afgano muy similar al farsi. Ambos empezaron a recoger mis maletas —las pertenencias de todo un año— y las arrastraron por la rotonda hasta cargarlas en la parte trasera de una furgoneta.

Había otro tipo al que también esperaban: un ex capitán de la Marina. Dejó el servicio activo tras ser destinado al Pentágono para trabajar en Investigaciones Militares. Iba a integrarse en un equipo cuyo objetivo era establecer una Oficina del Inspector General para el Ejército de Afganistán. En el ejército de Estados Unidos, el Inspector General investiga todo tipo de delitos, tanto financieros como personales.

Pensé, mientras me lo explicaba, y recordando mis años de experiencia en esa parte del mundo: Buena suerte. La vas a necesitar.

Cargamos todo y comenzamos a conducir. Mientras atravesábamos Kabul, miraba por la ventanilla de la furgoneta. Nuestro adiestrador nos explicó que el nombre original del lugar donde íbamos a vivir era "Casa Blanca", pero algún oficial del ejército decidió, basándose en nuestro estilo de vida y en honor a las películas clásicas de cárceles, llamarla *Casa Grande*. Como era fácil de recordar y no hablábamos mucho inglés, todos los conductores sabían dónde estaba la *Casa Grande*. Demasiado para una "Casa Segura" secreta.

—¡Nicht schlafen!

Concéntrate, respira. Adentro... afuera... adentro... afuera.

De camino al alojamiento donde íbamos a pasar el próximo año, el conductor negociaba su paso por una rotonda repleta de peatones y animales. Yo miraba a la izquierda, y en una esquina vi una tienda con un cartel gigante que decía: *Centro Matemático Afgano para la Investigación Metafísica*. En los escaparates del primer piso, que probablemente antes había sido una tienda de alfombras, había grandes dibujos de ingeniería, muy detallados y excelentemente ejecutados, que mostraban representaciones astronómicas de las estrellas y los cuerpos celestes. En cada vitrina se exponían complejos cálculos matemáticos. Las veces que pasamos por allí durante mi estancia, nunca vi a nadie.

—¡Nicht schlafen! Vamos... respira. Sigue adelante. No te mueras. Sigue.

Habíamos entrado al corazón de Kabul. Miraba por el lado izquierdo de la furgoneta. Pasamos por un pequeño parque donde los niños jugaban, los hombres fumaban, y mujeres cubiertas con burka vigilaban a sus hijos. Lo que más me llamó la atención fueron las rosas. De todos los colores. Eran maravillosas, considerando lo monótona que parecía la ciudad. Eran el único color. Pensé: *¿Por qué me cuesta tanto esfuerzo cultivar rosas bonitas? Estas estaban desatendidas... y tenían un aspecto estupendo. Quizá la muerte se filtre en la tierra y haga milagros.*

Había pocas cafeterías, pero muchos quioscos cocinaban kebabs, pan plano cocido a la piedra, verduras y agua embotellada. Como no había carbón ni leña, usaban cualquier cosa a mano. Los fuegos producían un humo verde y amarillo, asqueroso, que se mezclaba con la bruma de Kabul. Un médico del Ejército me dijo después que, en estudios que realizaron, descubrieron que el diez por ciento de las partículas suspendidas en el aire eran restos de polvo de animales... o personas muertas. Polvo al polvo.

Pasamos frente a la mezquita del barrio. Era el edificio más grande de la zona, aunque pronto fue superado en altura por un moderno edificio de oficinas de cristal que se construía justo enfrente. Me pregunté: ¿Por *qué alguien construiría un edificio de cristal en Kabul?*

Una manzana más adelante, el conductor giró a la derecha por una carretera secundaria y nos acercamos a la *Casa Grande*. Había cuatro guardias afganos con AK-47 delante de dos portones de tres metros de alto. El conductor tocó el claxon, los guardias abrieron la verja y entramos al aparcamiento.

La *Casa Grande* era un edificio blanco, anodino, moderno, de cuatro plantas. Desde el patio, que daba a la fachada, se alzaban cinco escalones hasta la puerta principal. A un lado, una fuente que no funcionaba. A la derecha, un porche, y junto a él, otra veranda con una puerta que daba a uno de los apartamentos. En todo el primer piso había sacos de arena apilados a metro y medio de altura. Los apartamentos de las plantas superiores tenían balcones.

Descargaron nuestras maletas y nos llevaron al vestíbulo. Estaba oscuro, pero resultaba reconfortante. Al atravesar las puertas principales, entré a un lugar sombrío y hermoso. Una sala de mármol con vidrieras en las ventanas del fondo. En el centro, una mesa de más de cinco metros, muy pulida, con bordes tallados en nogal. Dieciséis sillas a juego rodeaban la mesa. Nuestro Director de Programas estaba allí, con nuestros expedientes personales delante.

—Bienvenidos a la *Casa Grande*. Miró mis papeles.

—Eres del Ejército del Aire, veintidós años. Se volvió hacia mi compañero:

—Tú eres Marine, dieciséis años. Y luego añadió:

—Yo soy del Ejército, veinticuatro años.

El marine le miró y preguntó:

—¿Tienes alguna habitación en la posada?

—Tenemos dos disponibles, ambas en este piso. Todos quieren vivir en los pisos altos porque este es el más vulnerable. Como sois nuevos, os tocan estas. Cuando la gente termine sus contratos o sea asesinada, podréis mudaros arriba y los siguientes nuevos empezarán aquí.

Señaló:

—Tenemos dos. Una está atrás a la izquierda, más grande y segura, con vista a una pared. La otra está al frente a la derecha, más pequeña, pero con cocina y baño. El problema es que da a la calle. Si estalla un coche bomba, te caerá una ducha de cristal.

El marine y yo fuimos a verlas. Al volver, el Director sacó una moneda del bolsillo.

—Dilo.

—Cruz —dije yo.

—Cara —dijo el marine.

Lanzó la moneda. Cayó al suelo de mármol, rebotó dos veces y quedó inmóvil. Nos agachamos los tres para verla.

El marine y yo, al unísono:

—¿Qué demonios es esto?

El Director entrecerró los ojos y dijo:

—No estoy seguro... pero creo que es cara.

En ese momento, apareció un criado afgano y nos vio agachados mirando la moneda.

El Director le preguntó:

—¿Qué es?

El criado nos miró como si fuéramos idiotas.

—Es una moneda.

Me asignaron la habitación delantera derecha. Tenía sacos de arena apilados hasta la mitad del ventanal de cristal y en la puerta que daba a una terraza de mármol que nunca se usaba. El cristal tenía una lámina oscura, como las que se usan para oscurecer vidrios de autos en Estados Unidos. Era para minimizar los efectos de explosiones. La despegué. No me importaba. No iba a vivir en una cueva un año entero.

Salí por la entrada principal, subí al rellano y quité los sacos de arena que bloqueaban mi puerta.

La habitación me recordó a una vieja habitación de hotel, amplia. Tenía una capa fresca de pintura blanca, una cama individual extragrande, una mesilla, un escritorio con silla de caoba, y un armario grande con cajones en la parte inferior.

Desde el rellano exterior de mi habitación, por encima de unas macetas de barro con un único rosal, podía ver el aparcamiento donde los conductores comenzaban a reunirse hacia las cinco y media de la mañana. Saldríamos a las seis. Tomaban distintas rutas y nos dejaban en la primera puerta de Camp Eggers, el cuartel general del ejército estadounidense en Afganistán.

De regreso a casa, cruzábamos una concurrida calle de cuatro carriles hasta el aparcamiento de otro piso franco llamado El Álamo. Los conductores que nos llevaban a Camp Eggers siempre estaban allí. Conocían nuestra rutina y estaban dispuestos a llevarnos a donde necesitáramos. La empresa para la que trabajaba había alquilado las furgonetas a la India. No importaba si el volante estaba a la izquierda o a la derecha; las puertas correderas siempre quedaban del lado izquierdo.

Yo siempre llevaba un martillo de geología colgado del lado derecho del cinturón, ya que el tráfico en Afganistán circulaba por la derecha. Si algo me lanzaba contra ese lado, podía intentar salir. El cristal de los vehículos fabricados en India no se rompe como el de los coches americanos. No se podía romper con los puños. La idea de morir quemado vivo era espantosa.

### "¡Nicht Schlafen!"

Respira... ¡Maldita sea!... Respira... Siento que me hundo.

En Camp Eggers había dos comedores: uno se llamaba *La Rosa* y el otro *La Cabra*. Una mañana desayunábamos en *La Rosa*, que preferíamos porque quedaba más cerca de nuestra oficina. Recibía ese nombre por la abundancia de rosas que rodeaban el edificio. La comida era abundante y bastante buena, aunque *La Cabra* ofrecía una mayor variedad.

En el comedor de *La Rosa* había un televisor de pantalla grande que emitía telenovelas en diferido desde la Red de las Fuerzas Armadas en Alemania. Todos los soldados y marines estaban enganchados a *Days of Our Lives* y hacían lo imposible por no perderse ningún episodio. Si no podían verlo, lo comentaban más tarde con alguien que sí lo hubiera hecho mientras ellos estaban de guardia.

Cada mesa podía acoger a ocho personas y al final de cada una había un armero. Recorríamos la fila con nuestras bandejas, y al terminar, nos sentábamos donde hubiera sitio, comentando los temas del día.

Yo estaba frente a Ralph, con otras seis personas más. Hablaban de un soldado que había muerto el día anterior, cuando su vehículo se precipitó por una ladera en el sur de Afganistán. Un mayor del Ejército, mientras comía galletas con salsa de carne picada, comentó:

—Qué manera más tonta de morir: falta de atención.

Ralph, con su característica voz atronadora, respondió:

—Esas cosas pasan. Hace unos años leí en el *International Herald Tribune* la historia de un trabajador de un zoológico alemán que cuidaba de un elefante enfermo. El animal estaba estreñido y, después de recibir megadosis de laxantes, el tipo decidió desimpactarlo. Así que se coloca justo detrás del bicho y empieza a cavar. Y de pronto... ¡BAM! El elefante se suelta. La fuerza de la explosión lo tiró de espaldas y, al golpear la cabeza contra el suelo de cemento, quedó inconsciente. El elefante le cagó encima, desde la cintura hasta la cabeza. Un metro de mierda lo cubrió por completo. Creo que la causa oficial de la muerte fue que o inhaló mierda o se la tragó.

Todos nos quedamos con los tenedores suspendidos a medio camino entre el plato y la boca. Nadie masticaba. El Mayor miraba fijamente sus galletas con crema de carne.

—¡Que alguien dispare a ese hijo de puta!

Todos en la mesa nos agachamos de golpe. Pensamos que el blanco era Ralph. Pero no: la voz iba dirigida a un personaje de *Days of Our Lives*, al imbécil de turno de esa semana.

## "¡Nicht Schlafen!"

Respira hondo. Inhala... exhala.

Después del desayuno, yo solía llevarle dos salchichas de pavo a un gato que visitaba nuestra oficina un par de veces al día. A veces, incluso más.

Estábamos sentados en el despacho y el gato estaba en el alféizar de la ventana. Jim empezó a contar una historia desgarradora sobre unas familias afganas que había descubierto. Era el tipo más malhablado que conocía, pero tenía un corazón enorme. Se había licenciado en Contabilidad en el Boston College. Él y Ralph formaban el equipo responsable de todos los aspectos financieros del Ejército Afgano.

Jim no era un hombre grande, pero su pelo rojo fuego y sus penetrantes ojos azules cautivaban a cualquiera. Tenía una pasión genuina por ayudar a los demás.

Nos hablaba de diez familias de refugiados que vivían en un almacén bombardeado en las afueras de la ciudad. Las había descubierto por casualidad y enseguida se sintió conmovido por su situación. Habían huido de Afganistán cuando los talibanes llegaron al poder y se marcharon a Irán. Cuando los talibanes fueron expulsados por la invasión estadounidense, creyeron que la vida volvería a la normalidad y regresaron a Kabul. Cada familia tenía unos tres hijos.

—El invierno pasado hacía tanto frío que quemaban los zapatos para calentarse —nos contó Jim—. Pero el mayor problema ahora es que hay excrementos humanos por toda la calle y los niños caminan descalzos sobre ellos. Tengo que encontrar la forma de poner retretes adecuados.

Yo estaba en mi escritorio, siguiendo la conversación mientras trabajaba. Me giré en la silla y comenté:

—Ni se te ocurra pensar en aseos portátiles. Alguien tendrá que pagarlos. E incluso si los consigues, no vas a encontrar una empresa que pueda vaciarlos.

Recordé una frase de William Blake: *"El mayor pecado es ignorar los impulsos del corazón"*.

—¿Y las zanjas? —preguntó alguien.

—No en esta cultura. Eso funciona en el campo, donde sólo hay hombres.

Stewart estaba leyendo la última edición del *Stars and Stripes*. Es el periódico militar oficial de las tropas, cuya historia se remonta a la Segunda Guerra Mundial. Un tercio son historias de los servicios de noticias, un tercio son historias de interés humano —que a ningún ser humano podrían interesarle, a menos que tuvieran su historia quincenal de muerte sin sentido—. El último tercio era el más popular: la página de deportes. Todos sabíamos que Stewart era un oficial de la CIA. Nunca lo admitió y nunca le preguntamos. Era licenciado por la Universidad de Columbia, hablaba dari con fluidez y era una esponja para la información. Me parecía divertido que, cuando los traductores nos devolvían los documentos, él siempre preguntara:

—¿Queréis que os lo pruebe?

También desaparecía de cinco a diez días seguidos y, cuando volvía, se sentaba en su escritorio con los pies en alto y leía cualquier periódico que cayera en sus manos. Dejó lentamente el periódico, sonrió y preguntó:

—¿Es usted experto en agujeros de mierda?

—Sí, Stewart. Soy ingeniero diplomado en ayuda en catástrofes por el Real Colegio de Ingenieros de Londres. Estoy bastante familiarizado con los agujeros de mierda.

—¿Londres?

—Para nada. Londres es una de mis ciudades favoritas. El Real Colegio de Ingenieros simplemente certificó que puedo reconocer un agujero de mierda cuando lo veo y sé cómo construir uno.

Me volví hacia Jim y le dije:

—Hay más de una forma de despellejar a este gato. Hay muchas opciones disponibles.

El gato que estaba en la repisa de la ventana tomando el sol levantó la cabeza, me miró y dijo: «¿Cómo dice?». Miré a Jim y le dije:

—Hay formas de resolver el problema.

—Gracias.

—Creo que el método *pour-flush* funcionaría. La ingeniería es simple. Proporcionaría privacidad, casi sin olor y sin moscas. Es básicamente un inodoro moderno sobre una fosa cubierta. Junto al taburete tienes dos cubos de agua. Cuando terminas, viertes un cubo en la taza y utilizas el otro para la higiene. En esta cultura no se usa papel higiénico. Para eso está el segundo cubo. Los retretes también pueden colocarse donde no haya línea de visión entre los hombres y las mujeres.

—Me parece que si tienes que ir muy mal, no importaría que alguien te viera entrar en una letrina.

El capitán de corbeta Don West era un oficial de la Armada en servicio activo que estaba sentado en su escritorio cortándose las uñas. Se había licenciado en la Academia Naval y era aficionado al culturismo y a los suplementos dietéticos. Su trabajo consistía en trabajar en cuestiones de protección de fuerzas y asesorar a los militares iraquíes gracias a su formación como Navy Seal. Era nuevo en la oficina, nunca había trabajado en el mundo islámico y estaba aprendiendo «el oficio».

Cada uno de nosotros tenía asignado un traductor para traducir al dari lo que escribíamos. Todos eran licenciados de la Universidad de Pakistán que habían abandonado Afganistán durante el gobierno de los talibanes. Cuando escribíamos un documento, se lo dábamos en inglés y ellos lo traducían al dari. Cuando terminaban, nos lo devolvían escrito en dari y nos lo leían en inglés. Un día, el traductor del oficial llegó con un documento de veinte páginas y procedió a leerlo en voz alta. El comandante apoyó los pies en el escritorio, puso las manos detrás de la cabeza y escuchó.

Una parte del documento trataba de los detalles de la protección de la fuerza. Otra parte, de cómo establecer posiciones defensivas. El tema era el «campo de tiro». Eso es jerga militar para describir cómo cubrir un terreno con fuego de pistola, rifle y cañón desde dos o más direcciones. Su traducción fue:

—Tus cultivos están en llamas.

El teniente West bajó los pies de su escritorio, sacó su pistola, quitó el seguro, amartilló el martillo y dijo:

—No me hagas usar esto.

El traductor salió corriendo de la habitación. Todos le miramos. Jim fue el primero en hablar:

—Sabemos que eres nuevo aquí y eso ha sido un intento de humor que me ha parecido gracioso, pero tienes que pensar por lo que ha pasado esta gente. Durante el régimen talibán les habrían fusilado por meter la pata en una traducción. No sabía si hablabas en serio o en broma. Tienes que entenderlo: aquí, la vida no significa nada.

Todos nos volvimos a nuestros pupitres y seguimos trabajando.

—¿Alguien tiene una lata de Coca-Cola vacía?

Más tarde, ese mismo día, miré por la ventana junto a mi escritorio y vi a West y a su traductor en nuestro banco de cemento compartiendo una bolsa de dátiles. El oficial estaba enseñando a su traductor cómo desmontar y volver a montar su pistola.

«¡Nicht Schlafen!» Mientras boqueaba por aire, lo que me mantenía intentándolo era ver sus pezones pronunciados sobre su bata quirúrgica. Recuerdo que pensé: «Cariño, no voy a ninguna parte... ¡vamos, empuja!».

Mis pensamientos volvieron al Campamento Eggers. Un capitán del ejército irrumpió por la puerta. El tipo era un oficial muy delgado que corría diez millas todos los días en sus doce horas libres. Nos acostumbramos tanto a verle correr junto a las ventanas de nuestras oficinas que decidimos colectivamente que no era más que el segundero de un reloj.

—¿Quién quiere apuntarse a la carrera del 4 de julio?

Ralph estaba sentado en su escritorio bebiendo una botella de agua y fue el primero en responder:

—¿Qué tiene de divertido correr? No me interesa porque no tengo ganas de morir. Creo que cada persona nace con una sentencia de muerte. Tenemos un número finito de latidos. Lo que hace interesante la vida es que nunca sabes cuántos te quedan. No tengo intención de agotar los que tengo más rápido de lo necesario.

Sacó un Lucky Strike y dijo:

—Oye, Mason, ¿quieres salir a fumar?

Los dos nos levantamos y, de camino fuera, sacamos una botella de agua de la nevera. Ralph se tomó dos. Nos sentamos fuera, en un banco de hormigón a la sombra, bajo un gran enrejado que sostenía una enorme serie de parras de uva. Las hojas eran tan grandes que proporcionaban una sombra perfecta del abrasador sol afgano. Ralph encendió un Lucky Strike y yo saqué un chocolate de una lata británica que había comprado en Dubái.

Mientras fumábamos sentados, observábamos a nuestro jardinero. Teníamos la suerte de contar con una de las pocas oficinas con zonas verdes en el exterior. Estaba cortando la hierba con unas tijeras. Pensé que podría ser el Director de Investigación del único «Centro Matemático Afgano para la Investigación Metafísica». Después de unos treinta segundos de verle trabajar, Ralph se acercó a él y le dio una botella de agua fría. Se puso la mano derecha en el corazón y dijo:

—Gracias.

Ralph volvió, se sentó y encendió un Lucky Strike.

Le pregunté:

—¿Qué tiene de malo un cortacésped?

—El Ejército no da una. Aquí, la gasolina es limitada. Todos los vehículos son multicombustible, así que usan gasóleo. Además, le pagan cuarenta pavos al mes y no tiene horario para cortar el césped. Es un buen hombre que intenta mantener a una familia de seis miembros. Por eso en la oficina, todos los viernes, le damos cinco pavos cada uno antes de que se vaya a casa. No intentes hablar con él. El único inglés que sabe es "Gracias". También te darás cuenta de que todos los viernes, al atardecer, sale por la puerta lateral con cajas de cartón aplastadas que ha recogido del contenedor de detrás de Correos. Sobre eso dormirá su familia durante la semana siguiente.

—Se parece a Osama Bin Laden.

—Sí, pero no es lo suficientemente alto. Osama mide 1,80. Pero se parece tanto que hemos tenido conversaciones en la oficina sobre cuándo alguien iba a dispararle por error.

—¡Recógelos y bájalos!

Miré a mi derecha y vi a Don guiando a dos hombres afganos. Uno llevaba un cartel con un poste y una bolsa de hormigón de secado rápido; el otro, dos palas, un nivel y dos litros de agua embotellada. Bajando por la pasarela, los hizo marchar al paso. La comitiva marchó hacia el césped y Don, con su voz de mando, dijo:

—¡Plántalo aquí!

El jardinero levantó brevemente la vista como si tratara de averiguar qué estaba pasando. Decidió que no era una amenaza para él, así que siguió cortando la hierba. Don se sentó en el banco.

Miré hacia él y pregunté:

—¿Qué demonios es todo esto?

Los dos afganos estaban cavando un agujero para el poste. Yo miré el cartel que había sobre la hierba. Decía:

«No dispare. No es Osama Bin Laden».

—Lo hicieron los ingenieros del Ejército. No quiero que nadie lo mate o tendremos que hacerlo nosotros. Además, esto quedará como un par de buenas menciones en mi informe de evaluación. Salvar la vida de un ciudadano. Tal vez incluso una medalla.

Estábamos viendo cómo terminaban de cavar el agujero y comenzaban a verter un cubo de agua dentro. Don gritó:

—¡Eh, gilipollas! ¡Primero el poste! Luego mezcláis el hormigón en un cubo y lo echáis en el agujero. Quiero ese poste completamente vertical. Ya os enseñé a usar un nivel. ¡Usadlo! Y cuando esté bien colocado, uno de vosotros se queda sujetándolo durante treinta minutos hasta que el hormigón se endurezca.

Bebió un trago de agua, nos miró, sonrió y dijo:

—Tiene que haber al menos una cosa recta en este país.

El jardinero, que no sabía leer inglés, se acercó, observó el cartel, se volvió hacia nosotros, se llevó la mano derecha al pecho y dijo:

—Gracias.

Pasados unos treinta minutos, Don se dirigió a sus trabajadores:

—Bien, buen trabajo, chicos. Podéis iros. Os llamaré cuando tenga más trabajo.

Ralph lo miró y preguntó:

—¿Y cómo vas a llamarlos?

—Como se hacía antes de los móviles. Abres la ventana, sacas la cabeza y gritas.

Cuando volvimos a nuestros escritorios, un mayor del Ejército irrumpió en la sala. Estaba lívido y fue directo a Bill, que trabajaba para otro contratista y se encargaba de todo lo relacionado con los vehículos. El mayor exigió saber cuántas ambulancias se estaban entregando al Ejército afgano. Todos lo miramos como si acabara de aterrizar desde otro planeta.

Stewart, con los pies sobre el escritorio, seguía leyendo el periódico como si nada. El gato del alféizar levantó la vista, bostezó y volvió a estirarse al sol.

Bill era el tipo que se sabía todos los entresijos de la adquisición de vehículos para el Ejército afgano. Trabajaba para una empresa distinta a la mía y no tenía que seguir ningún código de vestimenta. Llevaba vaqueros y unas botas tejanas hechas a medida. Había estudiado Sistemas de Información en la Universidad de Texas, pero acabó metido en el tema de los vehículos porque el anterior responsable había volado por los aires. Como no se podía fumar en la oficina, mascaba tabaco. Siempre tenía un bolo en un lado de la boca y, tras unas seis mascadas, escupía en una lata vacía de Coca-Cola.

Escupió en su lata y dijo:

—Cincuenta y seis.

El mayor estalló:

—¿Entonces por qué sigo leyendo que tenemos ciento veinte pedidos? ¿Cómo se supone que voy a construir un ejército si no puedo conseguir información precisa?

Bill volvió a escupir en su lata.

Sabía perfectamente la respuesta, pero, viendo cómo se había plantado el mayor, decidió estirar la conversación. Todos tomábamos café y sonreíamos, cruzando miradas entre nosotros. El pensamiento era compartido: *¿De verdad este tipo cree que va a construir él solo el Ejército Nacional Afgano?*

Tras una larga pausa, Stewart bajó lentamente su periódico y, con la misma calma de siempre, dijo:

—Oye, Dickweed. Hay dos tipos de vehículos de respuesta médica para el Ejército afgano. Uno es el Vehículo de Respuesta en el Campo de Batalla, que sirve para evacuar heridos del frente. El Ejército estadounidense no los usa porque nosotros tenemos helicópteros. Ellos no. El otro tipo es una ambulancia, para transportar pacientes. Bill ya te dijo: "Cincuenta y seis". Haz las cuentas.

El gato empezó a lamerse el culo. Cincuenta y seis veces.

Bill escupió en su lata, se recostó en su silla, apoyó las botas en el escritorio y preguntó mirando al techo:

—¿Por qué esto me suena a algo que escribí hace dos semanas?

# 4

—¡Nicht schlafen!

*Inhala, exhala... esfuérzate más... el sol debería salir pronto.*

De repente, el coronel Horne apareció rodando por la puerta. Coronel del Ejército, medía alrededor de 1,80 metros, pero su presencia era mucho mayor que su estatura. Se había graduado en The Citadel y tenía un marcado acento sureño. Él no lo sabía, pero nosotros lo llamábamos *Foghorn Leghorn*. Tenía el mismo pavoneo, el mismo lenguaje corporal, el mismo acento, la misma seguridad en sí mismo... y, por si fuera poco, el mismo apellido. El gato salió corriendo como alma que lleva el diablo.

—Me alegra ver que todos ustedes, buenos oficiales, se reúnen así para mantener un intercambio profesional de ideas —dijo, haciendo su ronda habitual. Seguramente había escuchado la conversación desde fuera.

En ese momento, un funcionario entró por la puerta.

—Hola, chicos. Estoy aquí en misión temporal del Mando de Material del Ejército. Estoy explorando la posibilidad de implantar el concepto de *Cargas Configuradas* para el Ejército afgano. Me han dicho que ustedes son gente de suministros, así que he venido a presentarme.

Era un suboficial retirado, probablemente un sargento mayor reconvertido en funcionario, de nivel GS-12 como mucho. Había pasado claramente por una cirugía estética, seguramente para quitarse las bolsas bajo los ojos. Tenía aspecto de búho.

El coronel Horne se giró, sonrió con falsa cordialidad y preguntó:

—¿Y por qué no ha tenido la cortesía de pasar primero por mi despacho a presentarse?

Antes de que pudiera responder, Stewart golpeó su periódico contra el escritorio.

—No somos gente de suministros. Somos asesores del Gobierno afgano.

Me incorporé, apoyé los pies en el suelo, giré la silla y le dije:

—Permítame ayudarle. Conozco bien el concepto de Cargas Configuradas.

Este sistema fue desarrollado originalmente por la Fuerza Aérea de EE. UU. para reabastecer a unidades médicas sobre el terreno. Se trataba de entregar exactamente lo que se necesitaba, justo cuando se necesitaba. Al Ejército le costó unos años darse cuenta de que era una buena idea. Su aplicación era sencilla: si un capitán en el terreno necesitaba construir una posición defensiva para dos hombres, en lugar de pedir cada componente por separado —alambre de espino, listones, sacos de arena, etc.— simplemente solicitaba una "posición de combate defensiva", y todo venía ya listo en un palé. La clave era la velocidad y la precisión... dos cosas que el Ejército aún no dominaba.

—En Afganistán, una *Carga Configurada* es lo que puedas cargar a lomos de un camello o meter en la parte trasera de una camioneta Toyota —añadí.

—¡Ja! Los dejo con su discurso profesional. Señor AMC, venga a verme cuando haya aprendido algo de estos buenos oficiales.

—¿Alguien tiene una lata de Coca-Cola vacía?

Diez minutos después, irrumpió otro coronel, esta vez con un documento en la mano. Autorizaba la transferencia de tres mil raciones MRE (*Meals Ready to Eat*) al Ejército afgano.

—¿Quién autorizó esto? —preguntó con voz grave.

Miré el bloque de firmas del formulario y respondí:

—Teniente Enswim.

Nunca conocí al tipo, pero sabía que había un teniente muy involucrado con los huérfanos de Kabul. Sospechaba que era una creación de Stewart. También sabía que ese teniente estaba arriesgando su carrera —y probablemente su vida— por ayudarlos.

—Hace dos semanas transfirió ochocientas —añadí, sonriendo.

El coronel frunció el ceño.

—He revisado la sección de procesamiento. No tienen constancia de ningún teniente Enswim.

Bill escupió en su lata de Coca-Cola.

—Ese tipo es un genio de la logística —comentó.

Stewart bajó su periódico y citó:

—Aristóteles escribió: "La excelencia no es un acto, sino un hábito".

Luego miró a Bill.

—¿De dónde saca los camiones?

Bill escupió de nuevo.

—Ni idea.

El coronel se volvió hacia mí, me miró con dureza y preguntó:

—¿Dónde trabaja?

—No lo sé.

—¿Para quién trabaja?

—Si supiera eso, también sabría dónde trabaja.

Stewart volvió a bajar el periódico y murmuró:

—Creo que el teniente Enswim tiene problemas...

Me guiñó el ojo derecho y añadió con una sonrisa:

—Si puedes encontrarlo.

El coronel salió dando un portazo.

Tom, sin despegar la vista del monitor, comentó:

—Ahora entiendo por qué quería que le prestara cuatro camiones la semana pasada —miró a Stewart y le devolvió el guiño—.

Estaba observando la sala y dijo:

—Al final del día, todo se mide. Y la balanza del teniente Enswim sigue inclinándose a su favor.

Bill escupió en su lata.

—¿Quieres ser el capellán de la oficina?

Ralph me miró y dijo:

—Oye, Mason. Vámonos pronto. Estoy harto de esta mierda.

—¡Nicht schlafen!

No te rindas... vamos... respira... Dios, esto duele.

Justo al otro lado de la calle desde el Campamento Eggers, había un aparcamiento frente a una casa segura que llamábamos *El* Álamo. Allí solían esperar nuestras furgonetas. Para llegar, teníamos que cruzar una calle muy transitada. El tráfico era caótico, de parachoques a parachoques, y no existían pasos de peatones útiles: no significaban nada. En ese lugar, la vida tampoco.

Mientras buscaba una pausa en el tráfico, pensé en el día anterior. Me había reunido con un general afgano. Fue muy amable; sus asistentes nos sirvieron dados de sandía y dátiles con té en su despacho. La conversación comenzó siendo formal, pero acabó derivando hacia temas más personales. En un momento mencioné que era arquitecto. Se le iluminaron los ojos.

—Venga. Hay algo que podría interesarle.

Hizo una llamada por el interfono y salimos por su entrada privada. Nos esperaba un destacamento de seguridad con cuatro hombres. Subimos a su coche; dos guardias iban delante y dos detrás. Nos dirigimos al centro de Kabul, al Gran Bulevar, y aparcamos sobre la acera frente a una enorme obra de construcción. Se estaba levantando una mezquita que rivalizaría en tamaño con cualquier catedral europea. Era preciosa, con una arquitectura impresionante.

—Está financiada por el gobierno de Arabia Saudí —explicó.

Mientras admiraba la estructura, el general me tomó del brazo y me dijo:

—Coronel, mire eso.

A unos treinta metros, un hombre intentaba cruzar los cuatro carriles del bulevar. Llevaba ropa tradicional y estaba en posición de salida, como si fuera a correr una carrera olímpica. De repente, se levantó la túnica y salió disparado.

Fue arrollado al instante por un autobús.

El general ordenó a su equipo de seguridad detener el tráfico en ambos sentidos y nos acercamos al hombre. Desde el otro lado del bulevar, un médico del ejército británico —que parecía David Niven— también había visto todo. Cruzó, se arrodilló junto al cuerpo, le tomó el pulso en el cuello, le levantó la cabeza con cuidado, inspeccionó sus extremidades y sentenció:

—Está muerto.

El equipo de seguridad retiró el cadáver del asfalto para que el tráfico pudiera reanudarse. Allí, la vida no significaba nada.

Con cuidado, mirando a ambos lados, Ralph y yo cruzamos. Una vez al otro lado, había un aparcamiento lleno de mini furgonetas. Lo más llamativo del grupo era la tienda de campaña. Los conductores habían conseguido una carpa blanca con grandes letras estarcidas que decían: «Alto Comisionado de la ONU para los Refugiados». Probablemente era robada. La carpa se levantaba en la grava del aparcamiento utilizado para nuestro pool de furgonetas. Dentro tenían alfombras orientales. Usaban la tienda para resguardarse del sol, dormir la siesta, comer o rezar mientras esperaban para llevarnos de vuelta a la Casa Grande. Habíamos llegado pronto y no nos esperaban. Ralph abrió la solapa de la tienda. Dos de los conductores estaban rezando. Ralph bramó:

—¿Cuál de vosotros, gilipollas, me va a llevar a casa?

Miré a Ralph.

—Si sigues haciendo esto, sí que te llevarán a casa.

—No, les pagan más que a la mayoría de la gente de este país.

—Eso sigue sin ser razón para interrumpir sus prácticas religiosas.

—Que se jodan. Quiero volver y echarme una siesta.

—Ralph, tal vez cuando termine tu gira deberías seguir una carrera en Gestión de Residuos.

Mientras caminábamos hacia la furgoneta, había un camión azul del ejército chino de tonelada y media en el aparcamiento. Estaba pintado con las conocidas letras chinas en el portón trasero. Quién sabe lo que estaban haciendo. Mientras subíamos a la furgoneta, Ralph se quedó mirando el camión y anunció:

—Una vez tuve un pensamiento profundo.

—¿Dos veces? ¿Cuál fue?

—No lo sé. Lo escribí en una servilleta de bar, me lo metí en el bolsillo y me olvidé de él. —Encendió otro Lucky Strike, cerró el mechero y continuó—. Dos semanas después, me puse los mismos pantalones y fui al Big Day Bar.

Se refería al prostíbulo y restaurante chino situado a media manzana de la Casa Grande.

—Empecé a estornudar repetidamente, así que saqué la servilleta del bar y me soplé medio kilo de mocos en ella. Entre la mezcla de los mocos y la tinta, todo se mezcló y lo perdí. Lo que aprendí fue que no se escriben pensamientos profundos con una pluma estilográfica en una servilleta de papel de bar.

—Lástima. Podrías haber sido el próximo Platón.

—No. No soy marica.

Se inclinó hacia un lado, se tiró un pedo y encendió otro cigarrillo. Creo que Platón se habría acariciado la barbilla y habría tenido profundas reflexiones sobre el sentido de la existencia de Ralph.

—Ralph, ¿has pensado alguna vez en morir?

—No. Eso es una obviedad. En lo que sí he pensado es en cuándo va a ocurrir.

—Será la próxima vez que te tires un pedo en la furgoneta.

—¡Nicht Schlafen! Esto se está poniendo difícil, concéntrate, respira...

Era viernes y estábamos desayunando en «La Cabra». Estábamos allí para comer y matar el tiempo hasta que abriera el mercado de fuera. Nunca se sabía cuándo iba a ocurrir, ya que todos los comerciantes tenían que instalarse y estar listos para el negocio antes de que el ejército de EE. UU. trajera a los perros antibombas y despejara la zona. «La Cabra» era probablemente el lugar más seguro del mundo para desayunar. Al final de cada mesa había las habituales estanterías para fusiles. Todo el mundo estaba armado hasta los dientes. Mientras Ralph y yo nos movíamos por la cola de la comida haciendo nuestras selecciones, Ralph, con su característica voz alta, exclamó:

—¡Ningún mapache que se precie comería esta mierda!

—Ralph, la comida aquí no está mal.

—Cierto. Pero me da asco que me cocinen la comida y me la sirvan criaturas que parece que su último trabajo fue de mozo de equipajes para Greyhound.

—Tal vez deberías pensar en trabajar en un cubículo. Menos interfaz humana.

—Podría ser una opción.

El viernes era nuestro único día libre, ya que era el día sagrado islámico. Era el único día en que podíamos vestir lo que quisiéramos. Normalmente se esperaba de nosotros que presentáramos un aspecto profesional tratándose del nivel de gobierno afgano con el que nos encontrábamos a diario. Me reuní con Ralph, que llevaba unos pantalones cortos azules de mezclilla hasta la rodilla, calcetines blancos, zapatillas rojas y una camiseta con un logotipo que decía: «Yo no existo».

El mercado se despejó y Ralph y yo empezamos a curiosear. Yo estaba delante de una mesa en la que había cascos cuyo propietario intentaba convencer a cualquier soldado estadounidense que pasara por allí de que eran cascos originales de los ejércitos de Gengis Kan. En realidad, eran cascos del ejército soviético que habían quedado de la guerra, con alas de metal soldadas a los lados y todo tipo de adornos soldados en la parte superior. Parecían propios de una película de Hollywood, pero difícilmente reales. Ralph estaba negociando con un vendedor en una mesa cercana.

—¡No tengo ninguna intención de darte dinero por esa mierda! —discutía sobre una réplica que se anunciaba como una página de pergamino original perdida de los Rollos del Mar Muerto.

Me acerqué a la mesa y le pregunté:

—Ralph, ¿estás intentando provocar un disturbio?

—No. Hemos tenido esta conversación todos los viernes desde hace un año. Tarde o temprano, bajará el precio. Es una prueba de voluntad. Cuando lo desgaste lo suficiente, cederá.

—¿De verdad lo quieres?

—No.

—Nicht Schlafen.

La urgencia en su voz disminuía.

No te rindas, respira, respira...

Los vendedores vendían todo tipo de cosas, algunas reales, pero la mayoría falsas. Había un comerciante con un expositor que se encontraba al pasar el último anillo de seguridad del Campamento Eggers. Vendía rifles antiguos del ejército británico. Lo que contaba a los jóvenes soldados que compraban era que sus rifles habían sido capturados cuando los británicos, tras muchos años de ocupación, intentaron retirarse por el paso de Kyber y fueron aniquilados por las tribus de Afganistán en mil ochocientos cuarenta y dos.

En la época en que se fabricaban, todos los fusiles británicos llevaban estampada la Corona de Inglaterra en la recámara de disparo. Bajo el sello del Rey o de la Reina, cada fusil llevaba estampado un número de serie. Cada soldado británico al que se le entregaba un rifle tenía que memorizar su número de serie. El problema era que los rifles Enfield tenían los números de serie estampados al revés. Al revés o al derecho, ¿le importa a alguien que no sabe leer inglés o no conoce los números occidentales? A ellos les parece lo mismo.

Cuando entraba en el mercado, había un grupo de jóvenes soldados estadounidenses comprando y sosteniendo los rifles. Me detuve, pensando:

—Para estos chicos, es su primera vez en este ambiente, déjenme ayudarles.

—¿Les gustan?

Uno respondió:

—Sí, son muy bonitos. Son antiguos y tienen historia. Tampoco cuestan demasiado.

—Por algo será.

—¿Qué?

—No son reales. Mira la placa de acero en la cámara de disparo. Se llama cerradura. Si el número de arma está estampado al revés y no especifica la ciudad de Inglaterra donde se fabricó, sabes que se fabricó aquí. Los armeros afganos y pakistaníes, al igual que sus homólogos estadounidenses, se apresuraban a reciclar piezas, ya que era mucho más fácil reponer un arma que construir piezas desde cero. Los fabricantes de cerraduras también exportaban cerrojos para armeros extranjeros, por lo que podían ser de piezas recuperadas o instalarse como nuevas. Lo único británico de estos rifles son las cerraduras e incluso éstas deberían ser sospechosas. ¿Cree usted que el rey o la reina de Inglaterra permitirían esa falta de atención al detalle para armar a su ejército en el apogeo del Imperio Británico?

El comerciante estaba furioso y me fulminaba con la mirada. Nos miramos a los ojos. Puse tranquilamente la mano en la empuñadura de la pistola que llevaba en la bandolera. Sonrió, se volvió hacia los soldados y dijo:

—De acuerdo, os doy la mitad del precio.

**¡Nicht Schlafen!** No sabía cuánto más podría aguantar. Sentía como si alguien me estuviera aplastando el pecho.

La razón por la que estaba allí era para comprar un chaleco, algo imprescindible en Afganistán. Vi a un vendedor que tenía todo tipo de ropa. Tenía chalecos de lona, quizá cuatrocientos iguales colgados en perchas. No estaban organizados por talla. Yo buscaba un chaleco caqui con muchos bolsillos, porque lo necesitas para llevar de todo: repelente de insectos, pasaporte, registros de disparos, dinero, mapas y munición. Le dije al vendedor que quería un chaleco mediano. Él sacó uno cualquiera del estante y me lo pasó. En la etiqueta del cuello ponía XXXL. Me lo probé y era como llevar una gabardina. Le dije que quería mediano.

Cogió el chaleco, se dio la vuelta y se quedó mirando la estantería unos segundos. Luego volvió con el mismo chaleco y dijo: "Este es mediano". Me di cuenta de que si quería encontrar la talla correcta, tendría que probarme los cuatrocientos chalecos que tenía porque las etiquetas eran todas XXXL. Las mujeres que cosían los chalecos no sabían leer ni textos occidentales ni números romanos, así que cosían la misma etiqueta en todos sin importar la talla. No iba a perder el día entero probándome chalecos. Le di las gracias y me fui. Pensé que, de todos los bazares que había visitado, ese no era nada fuera de lo común.

Siempre me han fascinado los tinteros. Son símbolos de alfabetización y civilización. Empecé a coleccionarlos hace años, buscándolos en anticuarios, mercados y bazares por todas partes: Inglaterra, Marruecos, Turquía. El más interesante que encontré fue en Marrakech. Anne y yo paseábamos entre el ruido y el bullicio del mercado justo después del atardecer. Es cuando empieza el comercio porque ya nadie quiere estar con el calor del día. Pasé por un puesto donde un artesano tallaba hueso de camello. Tenía de todo, pero lo que más me llamó la atención fue un tintero de dos recipientes tallado en hueso de pata de camello, sujeto por correas de plata. Tenía tapas de plata y dos plumas de caña atadas a los lados. Lo compré.

El mercader me miró con una sonrisa sin dientes y dijo: "Te lo envuelvo si me das un cigarro".

Inhala... inténtalo... no te rindas.

Seguí recorriendo el mercado de Kabul y vi a otro comerciante con objetos de latón y acero. Había bayonetas de Francia, Inglaterra, Rusia y casi todas las potencias occidentales que alguna vez pisaron Afganistán. También candelabros y porta inciensos, pero lo que más me llamó la atención fue un tintero de latón con forma de margarita. Era una flor con el centro como cuenco principal para la tinta negra y cada pétalo, que se abría, tenía un compartimento para distintos colores. Uno de los tinteros más curiosos que había visto.

—¿Cuánto por el tintero? —pregunté.

—Nunca lo vendería. Era de mi abuelo. Lo trajo de Uzbekistán hace años.

Ralph puso los ojos en blanco y dijo que se iba a la tienda de ropa. Me dirigí al comerciante:

—Entonces, ¿por qué lo pones en la mesa?

—Tienes que tener miel para atraer a las abejas.

—No. Aquí tienes mierda que atrae a las moscas. ¿Cuánto cuesta?

—Veinte dólares americanos. No quiero canadienses.

Mis negociaciones se interrumpieron. Por encima del ruido del mercado, escuché una voz familiar unas mesas más abajo. Era Ralph regateando duro en una sastrería donde tenían montones de trajes a medida encargados por soldados que nunca los recogían. El mercado sólo abría los viernes y muchos soldados pagaban la mitad por adelantado con la promesa de pagar el resto al recoger el pedido. Pero a menudo les ordenaban marcharse pocos días después. Lo que vendían eran restos de esos pedidos. Ralph intentaba encargar una americana deportiva. El sastre le ofrecía alta costura para deshacerse de pantalones campana con rayas horizontales.

—¡Solo quiero una maldita americana azul para reunirme con los gilipollas que dirigen este agujero de mierda al que llamas país!

—Muy diplomático, Ralph. Quizá deberías irte a casa.

—Podría ser una opción.

Seguimos comprando y cuatro mesas más allá, otro comerciante tenía el mismo tintero de pétalos. Me detuve a mirarlo, jugueteando con los pétalos. El vendedor preguntó:

—¿Te gusta? Muy antiguo. De Kazajstán. Era de mi abuelo.

—¿Cuánto cuesta?

—¿Cómo le pongo precio a algo tan raro?

—¿Cuánto? Ralph comentó:

—Ese hijo de puta debía de estar tirándose a todo el mundo en el subcontinente. ¿Crees que se llamaba Stan?

—Para ti, amigo mío, quince dólares.

—Déjalo apartado, volveré más tarde.

A otros quince metros, me topé con un tercer tintero igual. Ya era divertido. Miré al comerciante y le dije:

—Déjame adivinar, es muy antiguo y perteneció a tu abuelo.

—Sí. Lo trajo de Turkmenistán.

Ralph sacó un Lucky Strike, lo encendió, cerró el mechero, me miró, sonrió y dijo:

—Stanley el Grande estaba muy ocupado.

Sigue intentándolo, no te rindas, respira...

Empezamos a caminar hacia el café y pasamos frente a un vendedor con casi todos los DVD conocidos alineados en el suelo. Después de comprar, estábamos sentados en el café escuchando a una sargento del ejército hablar con unos soldados sobre un DVD que había comprado el viernes anterior: la película de Tom Cruise, *Misión Imposible*. Recordé pensar: "Qué apropiado". Ella contó que la película estaba doblada con una voz aguda en ruso, y les dijo a los soldados que no hablaba ruso, así que lo grabó.

### ¡Nicht Schlafen!

No te rindas, respira, respira...

Pensé en levantarme cada mañana a las tres. Me gustaba levantarme tan temprano porque era la hora perfecta para llamar a casa en Estados Unidos. Además estaba cómodamente oscuro. La diferencia horaria era de nueve horas y sabía que mi mujer estaría despierta. Yo también tenía que estar en el trabajo a las seis. Lo que más me gustaba era escuchar la llamada a la oración de la mezquita a media manzana de nuestro edificio. Tenía una cocina con cafetera que cargaba la noche anterior y encendía al entrar al baño. Abría la ventana justo encima de la ducha, me sentaba en el retrete y escuchaba siglos de formación religiosa. Sentado allí, contemplando el sentido de la vida y escuchando el canto melódico de la mezquita, pensaba en todos los países islámicos donde había trabajado: Marruecos, Túnez, Egipto, Turquía y ahora Afganistán. Me alegraba de cómo estaba funcionando todo y de tener un retrete de verdad. En esa parte del mundo normalmente es un agujero en el suelo. No es de extrañar que nunca hubo una Reforma en el Islam. No tienen un lugar para pensar.

Cuando terminé, me senté en mi silla de playa de lona marrón en la veranda, justo delante de mi puerta, bebiendo una botella de agua y mirando la luna creciente. Los sacos de arena apilados a media altura para proteger la ventana de explosiones eran el camino favorito del gato, que hacía sus rondas nocturnas. Desde niño siempre tuve un cariño especial por los gatos. Podían comunicarse conmigo mentalmente y yo les hablaba en voz alta. La gata de rayas grises, marrones y blancas aparecía cuando menos te lo esperabas para hacer sus ruidos nocturnos. Compraba salchichas de Viena en Correos y le ponía un par encima de los sacos de arena. Llegaba puntual, como siempre. Cuando descubrió las salchichas, olisqueó y preguntó:

—¿De qué están hechas? Le contesté:

—No creo que nadie en este planeta lo sepa.

—¿Están buenas para comer?

—Claro, si tienes suficiente hambre.

Empezó a masticar. Mientras tanto, le dije:

—Un mercader de Marruecos me dijo una vez que Mahoma volvería en forma de gato.

Acababa de terminar de comer y se estaba acicalando. Se detuvo, levantó la cabeza, me miró y dijo:

—Es posible.

Hizo una pausa y añadió:

—Esto sabe a paloma.

Mientras se alejaba, le pregunté:

—¿Eres Mahoma?

Se detuvo, miró hacia atrás y contestó:

—Nadie lo sabe.

Yo estaba sentado, bebiendo una botella de agua y fumando un cheroot, escuchando el suave ruido de los generadores a lo lejos. Miraba la luna creciente y veía a los guardias del piso franco haciendo el relevo de turno. Pensaba en los siglos de historia que me precedían.

De repente, un estruendo sacudió mi habitación y Ralph apareció en el rellano con su silla de playa. Era parecida a la mía, de madera y lona. La lona de la suya tenía estampada una bandera confederada. Me pregunté dónde la habría conseguido en Afganistán. Se sentó y abrió su botella de agua. Eché el humo hacia el aparcamiento.

—¿Qué pasa, Ralph?

—He estado pensando en los dedos de mis pies.

—¿Qué has descubierto?

—Si no tienes ninguno, te cuesta caminar. Igual con los pulgares. Sin ellos no puedes agarrar un lápiz ni atarte los zapatos. Tampoco hacer autostop.

—Nunca me había puesto a pensar en esos apéndices. Veíamos cómo cambiaban los guardias. Abrí otra botellita de agua y bebí un trago.

—¿Por qué te interesan ahora los dedos de los pies?

—¿Recuerdas al cabo del ejército de Mississippi que trabajaba en el segundo nivel de seguridad de Eggers y siempre tenía una gran sonrisa?

—Sí.

—Ayer, en el campo, un vehículo oruga le atropelló el pie derecho. Todos los dedos de ese pie fueron aplastados. Me enteré antes de salir del trabajo: tuvieron que amputárselos.

Tiró el cigarro al aparcamiento, se recostó hacia la izquierda en la silla y soltó el pedo más fuerte que había oído en mi vida. Menos mal que había exhalado el humo antes. Pensé que toda su vida había sido pura suerte, pero al final, los gases explosivos combinados con Lucky Strikes serían su perdición.

—Lástima —dijo—. Me contó que había estado en el equipo de atletismo del instituto y que, cuando terminara el alistamiento, quería ir a la Universidad del Sur de Mississippi, estudiar historia e intentar entrar en el equipo de atletismo. Era velocista.

—Ya no.

Al escuchar la llamada a la oración, Ralph comentó que era demasiado larga y ruidosa. Miré al gato y le dije:

—Es igual que las campanas de las iglesias, solo que en otra octava. Cuando escuches sus oraciones, piensa en las campanas. La gente se pregunta por qué hay terroristas suicidas aquí. Durante la Guerra Civil, el Sur fundió las campanas de sus iglesias para hacer cañones. A veces, la humanidad abandona su religión por lo que cree un fin superior.

Me levanté y vertí los restos de mi agua sobre la única rosa que florecía en el rellano.

—¡Nicht Schlafen!

—Vivir de una oración. No es fácil...

Aquella noche necesitaba lavar la ropa, pero por alguna razón no había mozos disponibles, así que decidí hacerlo yo misma. Bajé al sótano donde estaba la lavandería común y cargué mis calzoncillos, calcetines y camisetas en la lavadora. La habitación de Ralph quedaba justo ahí abajo. El único que vivía en el sótano. Bastante inteligente, pensaba: pase lo que pase, él sobrevivirá.

Llamé a su puerta y respondió. Una nube de humo salió de la habitación. Ralph llevaba una camiseta blanca de cuello alto y una vieja bata escarlata, como de tienda del Ejército de Salvación. Su mano izquierda sujetaba una Biblia negra con letras doradas y una Lucky Strike le colgaba de la boca. Parecía a punto de dirigir un servicio religioso al amanecer para un grupo de borrachos.

Le pregunté:

—¿Qué pasa, Ralph?

Deslizó una silla para que me sentara, se dejó caer en el borde de la cama y dijo:

—Estoy leyendo la Biblia. Hay cosas bastante horripilantes.

—¿Por qué te ha dado por la Biblia?

—Nunca la había leído entera.

Encendí un cigarrillo, me senté y pregunté:

—¿Has aprendido algo?

—No. ¿Quieres una cerveza?

Se echó la Biblia al hombro.

—No.

Sacó una botella y preguntó a las paredes:

—¿Dónde está mi maldita llave de la iglesia?

La encontró en su escritorio, le quitó el tapón y bebió un buen trago. Me hizo gracia.

Le pregunté si alguna vez había leído el Corán.

—No hace falta. Mismo documento, distinto idioma. Me refiero al Antiguo Testamento.

Dio otro trago, encendió una Lucky Strike, se tiró un pedo y sonrió. Hablamos de varios aspectos de la vida. Su interés principal eran los coños.

Sonó el timbre de la lavandería y me fui.

Al salir le dije:

—Hay un sitio para ti. Nos vemos por la mañana.

Al día siguiente, como parte de mi ritual matutino, estaba en el rellano frente a la puerta de mi habitación a las tres de la mañana, en calzoncillos, bebiendo una botella de agua, apoyado en los sacos de arena apilados frente a la ventana, pensando en la canción *Living on a Prayer*.

Nunca he sido muy religioso, pero respeto a quienes sí lo son. No quería entrometerme en sus rituales, así que observaba desde las sombras.

A la luz de la luna empezó la llamada a la oración desde la mezquita y los guardias desenrollaban sus alfombras, colocaban sus rifles AK-47 a un lado y se turnaban para rezar.

Yo estaba sentado en mi silla de playa de lona, fumando un cheroot, bebiendo café y agua, mirando la hermosa luna creciente cuando ella llegó. El gato olfateaba la parte superior de los sacos de arena. La noche anterior había olvidado ponerle dos salchichas de Viena.

El gato preguntó:

—¿Dónde están las salchichas?

En voz alta le dije:

—¿Por qué crees que tengo?

—Porque eres uno de los pocos a los que gustamos. Confiamos en tu amabilidad.

Me pregunté con qué frecuencia comería.

Mientras me levantaba a por la comida le pregunté:

—¿Existe un dios gato?

Ella respondió:

—No. Solo hay un Dios. Yo soy parte de Él.

—Pues ya lo tienes claro. Dame un minuto y vuelvo con las salchichas.

Al día siguiente fui al puesto de socorro. No volví a verla. Espero que alguien amable la esté ayudando.

## 5

«¡Nicht schlafen!»

Estamos a mitad de camino… inhala, respira…

Esperaba, por mí y por la buena gente de Afganistán, que lo estuviéramos. Pero, de nuevo, la mitad del camino en Afganistán son más de dos mil años.

Mientras estaba de pie en la oscuridad, mi memoria acudió a una conversación que tuve con una amiga en San Antonio poco antes de iniciar mi excursión a Afganistán. Habíamos estado destinados juntos hacía años en Europa. Yo estaba en la ciudad por negocios y la llamé. Quedamos temprano a la mañana siguiente para desayunar porque ella tenía que ir a trabajar.

Se llamaba Annie Bocquit. Era hermosa y llena de vida, victoriana y digna en su forma de comportarse. Era coronel de las Fuerzas Aéreas, médica y destacada en la comunidad médica de las Fuerzas Aéreas. Una dama perfecta y una excelente oficial. Debido a nuestra larga amistad, tuve la suerte de ser una de las pocas personas que la llamaban Annie. Para todos los demás era el coronel Bocquit.

La conocía desde hacía muchos años y sabía que era muy trabajadora y estaba entregada a su profesión y al propósito de nuestro país. Cuando llegó, llevaba un uniforme de combate verde bosque europeo, conocido como BDU. Habiendo pasado más de dos décadas en las Fuerzas Aéreas, los había llevado desde su creación. Eran prendas pesadas, diseñadas para contener el calor, desarrolladas para el clima normalmente frío del verano y los fríos inviernos de Europa. Me sorprendió que, en el calor de

Texas y la seguridad de San Antonio, ese fuera el uniforme de servicio. Sonreí y pregunté:

—¿Qué pasa con las BDU?

—El Jefe de Estado Mayor ha decidido que este sea nuestro uniforme estándar hasta que termine la guerra global contra el terrorismo.

—Bueno, espera llevarlos hasta que te jubiles. No podemos ganar una guerra contra el terrorismo porque no podemos declarar la guerra a una idea.

El camarero llegó para tomar nuestro pedido. Ella pidió el bufé y yo pedí tostadas de centeno con gelatina de uva, una guarnición de bacon y café. Continué con mi reflexión:

—¿Recuerdas la guerra del presidente Reagan contra las drogas? ¿Ha cambiado algo? No. Cuando los dirigentes de Washington comprendieron que no se puede librar una guerra contra un problema social, dejaron de hablar de ello. Las guerras se libran contra Estados nacionales. Los terroristas no tienen ninguno. Puedes extraer venganza, pero nunca acabarás con su voluntad. Lo mismo que los traficantes de drogas. Puedes enviarlos a la cárcel, pero eso nunca acabará con el problema. Los estadounidenses quieren una solución rápida para todo: atrapar a la organización que destruyó las Torres Gemelas o encontrar las armas de destrucción masiva de Sadam Husein. La solución sencilla es: simplemente declararle la guerra.

El guardia terminó sus oraciones, recogió su fusil y el siguiente ocupó su lugar. Siglos de culto se desarrollaban ante mí. No se puede matar su voluntad.

Sentado allí, disfrutando de la paz de las tres y media de la madrugada, oí un alboroto en la calle. Una multitud de unos doce o quince hombres afganos perseguía a alguien.

—¡Abre esa maldita puerta!

Sabía que era Ralph. Los guardias abrieron la verja rápidamente y él entró corriendo. Fuera de la verja se produjo un fuerte intercambio intelectual. Se oían rifles amartillados. Ralph subió metro y medio a mi rellano, sin aliento.

—¿Qué demonios ha sido todo eso?

Le di una botella de agua. Respiraba con dificultad. Creo que no había corrido tan rápido desde que era niño.

—Los paganos no saben lo que es gracioso.

Salió por mi habitación y regresó unos quince minutos después con su silla de playa confederada plegable. Llevaba una funda de hombro con una pistola encima de su camisa hawaiana. Miró la mía y dijo:

—Comprueba la tuya. Puede que tengamos compañía.

Encendió un Lucky Strike y cerró el mechero. Me miró a la luz de la luna y sonrió como si acabara de lograr algo de gran importancia.

—Ralph, si sigues haciendo esto, sí que te llevarán a casa.

—¡Ja! Lo único que va a civilizar este agujero de mierda es el sentido del humor. Después de todo lo que ha pasado este país a lo largo de su historia, creo que deberían descubrir uno de los placeres humanos más básicos: la risa.

—¿Uno de los placeres humanos más básicos? ¿Por eso vas a ese sitio chino? ¿Para reír? ¿Has oído alguna vez la expresión "morirse de risa"?

Encendió otro Lucky Strike, lanzó una columna de humo al cielo y preguntó:

—¿Has pensado alguna vez en exorcizarte?

Tomé un sorbo de café y pregunté:

—¿Ejercicio? ¿Te refieres a ser perseguido alrededor de la manzana por una turba enfurecida?

—No. Me refiero a la eliminación de espíritus malignos.

—¿Como ser poseído por un espíritu maligno?

—Sí.

Bebí otro sorbo, di una calada a mi puro y me pregunté qué habría hecho en el restaurante chino y en el puticlub para provocar su carrera relámpago a casa y esos pensamientos tan profundos.

—No, Ralph. En mi opinión, la posesión no existe. Todo es control. El mal no puede poseer a nadie. Cuando el mal te visita, tienes completo control sobre él. Es lo mismo que un invitado no deseado en tu casa. Puedes mostrarle la puerta educadamente o, si eso no funciona, puedes decirle: "¡Lárgate de una puta vez!"

Nos sentamos a fumar unos minutos en la oscuridad y, pensando en el restaurante chino y el puticlub, tuve que preguntarle:

—¿A qué se debe tu repentino interés por el exorcismo?

—Compré *El exorcista* en DVD en el mercado el otro día, sólo para traer recuerdos.

—Tu época universitaria debió ser muy divertida.

—El DVD tenía algunas buenas imágenes visuales, pero el problema era que estaba doblado con una aguda voz rusa de marica.

—Déjame adivinar...

Le di una calada a mi puro y se lo soplé a la luna.

—Tú lo grabaste.

—¿Lo oíste?

—No. Probablemente estaba en la ducha.

## 6

**¡Nicht Schlafen!**

La enfermera parecía agotada. Se dio la vuelta y salió sin decir nada.

Sigue respirando, sigue adelante, no te rindas.

Con el amanecer, me sobrevino una urgencia: tenía que orinar. Las camillas de tratamiento venían equipadas con un portavasos a un lado, donde encajaba una botella de plástico de medio litro pensada para ese fin. Me quité la mascarilla de oxígeno, me senté en el borde izquierdo de la cama y oriné. Era como respirar bajo el agua. El soldado holandés me observaba con atención. Al terminar, me dijo:

—Por favor… ayúdeme.

—¿Qué… necesitas? —pregunté.

—Tengo que vaciar.

Me llamó la atención su elección de palabras, especialmente considerando que no hablaba en su idioma nativo.

—Claro… Te ayudaré. ¿Eres médico?

—No. Mi padre lo era. Él me enseñó inglés. ¿Y usted?

—No. Mi mujer sí.

Me miró con una mezcla de dolor y pudor.

—Por favor… ayúdeme.

Tomé su botella, se la sostuve mientras se giraba con dificultad sobre la espalda.

—Gracias —dijo simplemente.

Cuando terminó, volvió a su posición original.

—Gracias.

Regresé a mi camilla, me puse de nuevo la mascarilla. Apenas podía respirar. Pensaba en lo terrible que debía ser sentirse tan indefenso. Estaba a punto de descubrirlo en carne propia.

Una de las enfermeras alemanas apareció y le administró una inyección. Pronto supe lo que era: morfina. Dependiendo de la dosis, su efecto solo dura unos veinte minutos.

Inhala, exhala... No te rindas, sigue adelante...

El estado del soldado holandés me recordó a mi esposa. Viajábamos por la Ruta 1, al norte, bordeando la costa californiana. Hicimos una parada al sur de San Luis Obispo y nos quedamos en un motel precioso, encaramado sobre un acantilado con vistas al Pacífico. El lugar estaba rodeado de vegetación espesa, con árboles iluminados. Anne llevaba sandalias y, sin darse cuenta, tropezó con una farola, rompiéndose el dedo gordo del pie derecho. Recuerdo el dolor que soportó durante meses. Solo podía imaginar el sufrimiento de esos soldados en la sala.

En aquel momento no lo sabía, pero ese pequeño gesto que acababa de tener sería una marca en la balanza de mi existencia.

Respira hondo... profundo... inhala, exhala...

—¿Qué demonios está pasando aquí? —bramó una voz. Era el coronel Horne. Entró pisando fuerte y se plantó entre mi camilla y la del soldado holandés. Me miró, y yo apenas podía hablar.

—No tienes que decir nada —dijo—. Solo quería pasarme para decirte que eres uno de los pocos oficiales de la Fuerza Aérea que he conocido que no es un marica.

Levanté el brazo izquierdo. Él me cogió la mano con su zarpa de oso durante unos segundos. Asentí y sonreí bajo la mascarilla.

Mientras se marchaba, se volvió hacia el soldado holandés y soltó, con una voz digna de Foghorn Leghorn: —¡Vaya, hijo! Tienes que mirar por dónde caminas.

El soldado sonrió, aunque dudo que hubiera entendido la referencia. Pero el carisma del coronel era contagioso. Las dos enfermeras alemanas lo observaban al fondo con asombro. Probablemente era la primera vez que veían ese tipo de modales americanos.

Intenta respirar… concéntrate…

En cuanto el coronel salió, me trasladaron a una sala de urgencias contigua a donde había pasado la noche. Habían estado controlando mi saturación de oxígeno: seguía en un alarmante 61%. Una enfermera me colocó una mascarilla de presión que forzaba el aire hacia mis pulmones. Me apretaba tanto la cara que tuve que levantarla con el pulgar para aflojarla. Las enfermeras, agotadas y estresadas por Afganistán, perdieron la paciencia. Se desahogaron con una perorata en alemán.

Su mensaje, aunque duro, fue claro: *"Si no quieres vivir, no podemos ayudarte"*. Me impactó. Sabían que hablaba alemán. Después se calmaron.

Una de ellas me preguntó en inglés:

—¿Qué significa "coño"?

Levanté la máscara por última vez y respondí en alemán:

—Auf Deutsch… es heißt Muschi.

Las dos empezaron a reírse y me pincharon juguetonamente.

Llegaron dos médicos europeos. Uno era italiano, el otro esloveno. Me examinaron. El esloveno fue directo:

—Creo que tienes problemas —dijo, con la típica frialdad europea.

Nuestro director de programa vino a verme. Lo seguía un coronel del ejército estadounidense, jefe del puesto médico en Camp Eggers. Estaba furioso. Se dirigió al director: —Estoy harto de que se diagnostiquen a sí mismos. Si esta mierda sigue así, alguien va a morir.

No lo sabía entonces, pero ese "alguien" iba a ser yo. Pensé: *Jemand ist gerade* über *mein Grab gelaufen*. Una expresión alemana para una fatalidad inminente. Literalmente: "Alguien acaba de pasar sobre mi tumba". Una profecía en carne viva.

Se escuchaba un helicóptero aproximarse. Aterrizó fuera. Supuse que traía nuevos heridos. No sabía que venía a buscarme para iniciar mi largo viaje de regreso.

Me pasaron de la camilla a una de campaña. Las dos enfermeras, exhaustas, me cogieron las manos. —*Gott mit uns* —dijeron con voz quebrada.

Tenían los ojos llenos de lágrimas. Por fin entendí que estaba en un lío muy serio.

—¡Uno, dos, tres... ¡levanten!

Era realmente difícil... respirar...

Me llevaron al helicóptero. Antes, me habían quitado la pistola y los dos cargadores de munición, así que me quité la funda del hombro y se la entregué a alguien, junto con las llaves de mi habitación. Mientras me trasladaban en la camilla hacia el helicóptero, recuerdo haber mirado hacia el cielo azul, limpio, sin una sola nube. Era el amanecer en Afganistán. El sol estaba a punto de asomar por detrás de las montañas.

Me vino a la mente *True at First Light*, el libro de Ernest Hemingway. Pensé en aquel cartel, en la sonrisa de Don mientras estábamos sentados en el banco, en el jardinero que nos miró con la mano en el pecho, dándonos las gracias por algo que tal vez no comprendía del todo.

«Tiene que *haber algo de verdad en este país*», pensé.

Mientras me elevaban hacia el helicóptero, con las aspas del rotor zumbando con furia sobre mi cabeza, mi mente no se aceleraba… sino que se ralentizaba. Mi visión periférica dejó de funcionar con normalidad. En lugar de ver de izquierda a derecha, era como si todo pasara por un tubo de apenas quince centímetros.

Recuerdo haberme preguntado:

*¿Por qué me está pasando esto? No hay ninguna fuerza "G" actuando…*

Entonces, una voz surgió desde algún rincón remoto de mi mente, una voz que no era mía, y me dijo:

—Sí que las hay. Has olvidado las otras dos letras.

*Intenta… intenta respirar… no te rindas… ¡empuja!*

En ese instante, todo se volvió oscuro. El sueño de ocho semanas acababa de comenzar.

En algún punto durante el vuelo desde Camp Phoenix hasta la base aérea de Bagram, algo me sacó de este mundo. No fue simplemente un traslado físico: fue un salto invisible, etéreo. Me encontré transportado por aire a otro lugar.

Y ese fue el primer paso en un viaje épico a través de la noche.

Una travesía por los cielos.

Me dirigía… hacia otra parte.

# Segunda parte: El sueño de ocho semanas

«He extendido mis sueños bajo tus pies: Pisa suavemente porque pisas mis sueños».

—W. B. Yeats

## Siseo. Estallido. Chasquido. Desaceleración. Golpe seco.

Estaba confundido. No tenía idea de lo que estaba ocurriendo. Era como estar atrapado en una montaña rusa: subidas abruptas, caídas en picada, tramos rectos seguidos de giros violentos a izquierda y derecha, cada vez más rápido, con paradas brutales y aleatorias.

Y cada parada… era un lugar distinto.

Para evitar que me cayera de las camillas, me sujetaban las muñecas con correas metálicas a los laterales. No podía sentarme. Resistirse era inútil. El viaje terminó cuando choqué contra otro carrito en el aparcamiento de una antigua tienda de comestibles del sur.

Leí el cartel desvaído y me asaltó una pregunta absurda y cruel:

¿De *verdad este va a ser el lugar donde termine mi vida? ¿En el estacionamiento de una tienda de comestibles?*

—Nos están llevando de un lado a otro porque hay guerra y no queda espacio para camas —dijo una voz junto a mí—. Hay gente valiente mucho peor que nosotros. Nos trasladan de hospital en hospital. Así no tienen que ingresarnos. Es un movimiento perpetuo.

—¿Y… cuánto tiempo puede durar esto?

—Por toda la eternidad.

El hombre a mi lado era Tom Morgan, oficial de las Fuerzas Especiales del Ejército. Lo conocía del Campamento Eggers. No sé cómo terminamos compartiendo aquel extraño limbo. Tampoco sabía qué heridas llevaba él encima, y no pregunté.

Una enfermera se detuvo para hacerle algo. Cuando se inclinó sobre él, noté unas tijeras de vendaje asomando por el bolsillo de su bata.

Cuando se marchó, miré a Tom.

—¿Viste esas tijeras?

—Sí.

—Esa… esa es nuestra llave. Para salir de aquí. Para escapar. Tenemos que encontrar la forma de conseguirlas.

—Considerando que ambos tenemos las manos atadas… ¿qué sugieres?

—No lo sé. Ya se nos ocurrirá algo. No podemos dejarlo pasar.

Hice una pausa y añadí, con un tono medio absurdo, medio esperanzado:

—Tal vez, la próxima vez que ella venga… y se incline… podrías intentar cogerlas con la boca. Tiene los pechos grandes, y eso hace que las tijeras sobresalgan… están en su bolsillo izquierdo del pecho… Solo gira la cabeza, pon la boca sobre ellas… y tómalas.

Estábamos tendidos fuera de un muelle de carga. Me di cuenta de que era un punto de transferencia. Otro lugar más antes del siguiente destino.

Miré al cielo nocturno. No había estrellas. Solo luces, más grandes que cualquier estrella, moviéndose sin rumbo como un enjambre de insectos errantes. Movimiento perpetuo.

Una sacudida. La misma que se siente al arrancar una atracción de feria.

Y nos pusimos de nuevo en marcha.

En esa etapa del viaje, Tom y yo fuimos separados.

Nunca volví a verlo.

Mientras me trasladaban de un centro médico a otro, oscilaba entre el sueño y una extraña conciencia. A veces oía todo a mi alrededor con claridad, y otras me encontraba en un lugar distinto, fuera del tiempo. Iba a pasar la noche allí, y por la mañana, me llevarían a otro sitio.

De pronto, una sacudida. Estaba volando.

Atravesaba un túnel de colores brillantes, suspendido en el aire. No tocaba los bordes, flotaba suavemente como si el espacio mismo me llevara. Luego, una desaceleración repentina. Caí con un golpe seco.

Y estaba allí. De pie, descalzo, sobre una arena suave y profunda como la de una playa. Frente a mí, un muro de piedra que apenas me llegaba a la cintura. Y más allá, una ciudad. Increíblemente bella. No había rascacielos. Solo manzanos por doquier y rosales de todos los colores imaginables.

Las estructuras resplandecían en tonos naranjas y dorados, envueltas en un verdor que parecía flotar. Todo me invitaba. Me seducía. Una brisa cálida rozaba mi rostro. La paz que sentía no tenía nombre. Nunca había sentido algo igual.

Entonces, una voz me habló. No la oí con los oídos. Surgía desde dentro de mí:

**—Has sido pesado en la balanza. Y eres bienvenido.**

Miré hacia la ciudad. Mi respiración agitada se había desvanecido.

Respiré profundamente. Una vez. Dos. Tres.

Y sin necesidad de hablar, pensé:

**—Gracias… pero no. Me voy a casa.**

Me di la vuelta y apenas había dado dos pasos cuando la voz regresó:

**—Como quieras.**

Mientras avanzaba por la arena espesa, iniciando mis primeros pasos en el camino de regreso, me pregunté: ¿Era *eso una orden... o un desafío?*

Pensé: *¿Alguna vez has notado que "voluntad" y "infierno" tienen dos "l"?*

Nunca me convenció del todo la idea del Infierno. Pero entonces... empecé a comprender las similitudes y diferencias entre ambos conceptos.

Una joven apareció ante mí. Llevaba una bata blanca de algodón. No parecía tocar el suelo. Y el aire olía intensamente a jazmín.

Me preguntó:

—¿Tienes idea de lo que estás dejando atrás?

—No... no lo entiendo.

—Déjame explicártelo.

Estaba de pie sobre una enorme baldosa de jade pulido. Hizo una pirueta ligera y perfecta.

—Aquí hay un estado de existencia. Pero existen dos. Aún no se te ha mostrado el otro. Uno es la Luz. El otro... la Oscuridad. Ascender o Descender. Ascender es un renacimiento positivo. Descender, uno negativo. Se te ha ofrecido la Ascensión. ¿Realmente quieres regresar... y arriesgarte a tomar el otro camino? Todos, absolutamente todos, somos capaces de implosionar.

—Quiero volver a casa.

—Todo... es cuestión de voluntad.

Sonrió. Era una de esas sonrisas que pueden destruirte de lo bella que son. Se giró y comenzó a caminar hacia la ciudad.

Mientras la veía alejarse, la luz dorada de aquel lugar atravesó su vestido de algodón. Y por un instante eterno, la silueta más hermosa y grácil que jamás había visto se reveló ante mí.

## 8

**Aceleración. Velocidad creciente. Desaceleración. Golpe.**

—¿Por qué este hombre lleva una etiqueta en el dedo del pie?

—Solo intentamos facilitarte las cosas. Cuando muera, lo único que tienes que hacer es rellenar la fecha, la hora del deceso… y firmar.

Recuerdo el silbido constante del sistema de ventilación. Golpes. Voces lejanas. Gente gritando al fondo.

—¡Quítasela! Eres demasiado nuevo para entender que la mitad de este trabajo es dar esperanza. No comprendes que este humor de universitario puede marcar la diferencia entre que alguien se quede... o cruce al otro lado.

Ninguno de los dos parece darse cuenta de que él *puede oírnos.*

La vida no es una broma.

¿Está preparado para el vuelo?

—Sí, señor.

—¡Se está despertando! ¡Está luchando contra las ataduras!

—Comprueba la bolsa. Revisa la bomba. Sigue la línea hasta la intravenosa…

—Aquí está. La línea estaba doblada.

Flotaba, entrando y saliendo de la conciencia.

**Pío... Pío... Pío.**

Un leve pitido, como el canto de un pajarillo. Persistente. Suave. Intermitente.

Mi visión era borrosa, apenas una neblina. Pero aún podía oírlo todo.

Me quedé tumbado, escuchando. Tres voces discutían mi destino. Entonces apareció otra persona. Sonreía. Reconocí esa sonrisa.

Estaba atado a la camilla, pero pude oír claramente el oleaje del océano a lo lejos. Aunque un respirador mantenía mis pulmones en marcha, pude olerlo: el agua salada en el aire. La humedad tropical rozándome la piel. Boca arriba, bajo una farola, vi cómo un enjambre de insectos giraba frenéticamente alrededor de la luz.

—Obviamente, se ha desviado —dijo una voz detrás de mí—. No tenemos capacidad para mantenerlo aquí. ¿Está manifestado para la siguiente misión?

—Sí, señor.

Se inclinó sobre mí. Su mano cálida se posó suavemente en mi garganta.

—Vamos, amigo…

Si tú no te rindes, nosotros tampoco lo haremos.

Me llevaron rodando por la línea de vuelo, directo hacia un avión que esperaba con la rampa trasera abierta. El olor del escape de un motor a reacción llenaba el aire. Oí el estruendo grave de una unidad de potencia auxiliar que alimentaba el avión antes del encendido de los motores. Entre mis pies, vi un pequeño tanque de oxígeno y un ventilador portátil.

—Pesa de los pies. Tres a cada lado. Uno… dos… ¡tres… arriba!

No sabía si era un sueño o una escena real. Me subieron por la rampa trasera del avión de carga, encajaron mi litera en una estructura vertical en el centro del hangar.

Un estruendo. Golpes. Gente corriendo de un lado a otro. No podía ver, pero sabía exactamente qué ocurría. Había estado en la Fuerza Aérea. Escuché los gatos hidráulicos cerrando la rampa trasera. Los motores arrancaron, uno por uno: un rugido contenido, vibrante, imponente. Sentí el temblor de la máquina entera preparándose para lanzarme al espacio tridimensional. El movimiento comenzó. El estruendo de los reactores se volvió ensordecedor. Avanzamos. Una pausa. Otro impulso. Y luego… una explosión de velocidad.

Conectado al respirador, flotaba entre el delirio y la conciencia.

Delante de mí había otras dos personas en camillas. Una de ellas, una soldado, también llevaba respirador. Junto a ella, otro soldado, sufriendo insuficiencia renal.

En la parte delantera del hangar de carga, unos veinte pacientes ambulatorios ocupaban los asientos de salto. Cada uno con heridas de guerra. Cada uno aferrado a su propia batalla.

El despegue trajo consigo un instante de suspensión total.

Las vibraciones cesaron. Y luego, la ascensión. Rápida. Ineludible. Silenciosa.

Entonces, desde detrás de mí, una nueva sacudida de caos:

—¡Tenemos un problema atrás!

—¡Levántale la cabeza!

—¡No puedo hacerlo solo!

—¡Tienes que subir un poco más!

## 9

**Aceleración, velocidad creciente, desaceleración. Golpe seco.**

Estaba sentado en una sala abovedada de piedra, frente a una mesa de caoba con un tablero de cinco centímetros de grosor. Me encontraba allí como contratista del Cardenal de Doctrina y Política para Asuntos Africanos, con el fin de aportar conocimientos logísticos internacionales a los esfuerzos de socorro que la Iglesia estaba llevando a cabo en África. Nos encontrábamos en una isla del Adriático, sede del cardenal. Me asignaron la única mesa disponible. Estaba ubicada dentro del ámbito de la Doctrina y la Política.

No había electricidad, así que nos alumbrábamos con velas: dos por mesa. Las ventanas arqueadas estaban abiertas y caía el atardecer. Podía oír el suave chapoteo del mar Adriático contra las rocas y sentir una brisa salada que, de vez en cuando, hacía que la llama de la vela titilara hacia un lado. Un gato negro descansaba en el alféizar de la ventana, recortado en la silueta del sol poniente.

En el fondo de la sala abovedada había un fresco de una persona sentada sobre grandes rocas junto al mar. Tenía la cabeza inclinada y el cabello largo medio cubriéndole el rostro. Podía distinguir que era humano, pero los rasgos eran indistinguibles. Era un rostro humano en agonía. El paso del tiempo y el aire salado habían erosionado el mural, y ahora su superficie estaba difuminada.

En la sala había tres monjes y una monja, todos ocupados documentando las acciones de un caballero que, según los registros, mató a seis personas y media durante la última Cruzada. Tenían acceso a los archivos de la Iglesia, donde consultaban documentos antiguos escritos en latín.

Aunque no era asunto mío, pregunté:

—¿Cómo es posible matar a media persona? —Y continué—. Si a alguien le amputan ambas piernas, ¿eso lo convierte en media persona? ¿Y si pierde el uso de brazos y piernas? ¿Sería entonces una quinta parte?

El monje que estaba a mi lado, fumando un cigarrillo italiano sin filtro y bebiendo un espresso, dejó con calma la taza en el platillo y me preguntó:

—¿Y si pierde la cabeza?

—Entonces está muerto. Pero sigue siendo una persona. Su espíritu se decidirá en otro lugar.

El monje sentado junto a la puerta, mientras se acariciaba los bigotes de la barbilla, añadió con serenidad:

—Tiene razón. Debemos adivinar la definición de hombre.

—Me miró y dijo—: ¿Escribirías un borrador de esos conceptos para que podamos seguir desarrollando esas ideas?

—No. —Empecé a respirar con dificultad—. Por dos razones. Primero, estoy aquí en calidad de asesor logístico… Y segundo, la más importante, es que… no soy católico, y no creo… que sea apropiado que yo… me involucre en la redacción de una doctrina católica… que podría durar cientos de años. —Me incliné sobre la mesa, apoyé la cabeza entre los brazos y luché por respirar.

La monja se acercó, me abrazó y me preguntó si estaba bien.

—No puedo respirar —le dije.

Ella me dio dos palmaditas en el hombro y dijo:

—Es posible que acabes de comprender la idea que has expresado.

—No lo creo… es un concepto nuevo.

El gato en el alféizar levantó la vista, movió las orejas hacia delante y sonrió.

El monje sentado junto a la puerta arrastró una silla por el suelo de pizarra, encendió una pipa y dijo:

—Quizá necesites unas vacaciones. Cuando terminemos de escribir, ¿podrías ir a Bari? Haré que alguien te reciba. Hay buena comida y muchas mujeres.

—Sí, lo haré. Por ahora necesito acostarme y dormir.

Cuando desperté, estaba apoyado en la barandilla de un velero de dos mástiles, con una bolsa de cuero suave bajo el brazo izquierdo. Dentro había unas veinte páginas de pergamino bellamente escritas en latín. Soplaba una suave brisa por babor y el capitán estaba virando. Recuerdo los quejidos de la madera del barco y el suave chasquido de las jarcias tensándose. Nos acercábamos al viejo puerto de Bari. Me preguntaba cómo planeaba atracar el capitán, ya que el barco claramente era demasiado grande para entrar navegando. Arriaron las velas en medio de una frenética actividad. Dos pequeñas embarcaciones motorizadas se acercaron. El mozo de cubierta lanzó los cabos y nos remolcaron hasta el muelle.

Al desembarcar, vi un viejo Citroën negro con cristales tintados. Un cura apoyado en la puerta del conductor fumaba un puro. Me miró y se acercó.

—Mia scusa. Mister Mason. Soy el padre Leonardo. ¿Tiene algo para mí?

—Sí. La definición definitiva de un hombre.

Sonrió.

—Dudoso. Sé quién está en la isla. Vamos. Te llevaré a un buen hotel con un hermoso café frente al mar. Comeremos sardinas y beberemos vino.

Subimos al coche. El conductor ya sabía a dónde ir. El padre lo tenía todo preparado.

—¿Has estudiado sobre el significado de ser humano?

—No. No tengo que hacerlo. Yo soy uno.

Encendió de nuevo su puro, me miró, sonrió y dijo:

—Profondo.

Recorrimos la costa italiana por una estrecha carretera que bordeaba el mar. El océano estuvo siempre presente a mi derecha. Nos detuvimos en un hotel donde nos recibieron como a dignatarios. Tras abrazos y apretones de manos, nos condujeron a una terraza con vistas al mar. Nos sentamos a una mesa magníficamente puesta, con manteles de lino blanco, cubertería de plata, copas de cristal, velas y rosas. La luna llena sobre el Adriático era espectacular.

Me presentaron a tres sacerdotes y cuatro mujeres vestidas con elegancia informal. Durante la velada supe que eran monjas. El hotel pertenecía al hermano del padre Leonardo. La hospitalidad era cálida y típicamente italiana: relajada y expresiva.

Nos sirvieron una cena de siete platos. Cada ración era del tamaño de una taza grande. El primero fue consomé de pollo con dos rebanadas de pan negro. Había pequeños cuencos con aceitunas verdes y negras en aceite, y pepinillos dulces en vinagre.

El padre Louis, sentado frente a mí, inició la conversación:

—Me han dicho que traía la "Definición definitiva del hombre". ¿Es usted mensajero?

—No. Soy *un* mensajero.

—¿Un profeta? —Sonreía, disfrutando la charla.

—No. Soy un mensajero.

El segundo plato fue risotto con salsa de almejas. Los camareros trajeron palillos y los colocaron junto a cada cubierto. Miré al padre Leonardo:

—¿Por qué?

—Mi primo tiene un conflicto con el restaurante chino de la costa, así que roba los palillos cada vez que puede.

—¿Alguien en Bari sabe usarlos?

—No. Pero esa no es la cuestión.

Sirvieron más vino. Cambiaba con cada plato. El siguiente fue dados de ternera con salsa de mantequilla y ajo.

El padre Louis continuó:

—Tengo entendido que estuvo en la isla. Recibimos los documentos. Los leí, pero no he tenido tiempo de reflexionar. Me interesa saberlo: ¿cuál es su definición de hombre?

El cuarto plato fue pescado blanco horneado con ajo, orégano y aceite de oliva. Probé un par de bocados, sentí el peso de la pregunta y respondí:

—¿Quiere saber mi opinión sobre la historia del Hombre o sobre su estado actual?

Me miró como si fuera a estallar. Con típico dramatismo italiano, exigió:

—¡Necesito escucharlo!

—Vale. Debe entender que mi visión está culturalmente sesgada. Pero volviendo a su pregunta: ¿qué es un ser humano? Hoy en día, no existe el ser. Son contratados y colocados en un hueco. Hoy, las personas son como clavijas en un tablero de madera. No hay reflexión sobre la vida. En Estados Unidos solo hay fútbol americano los lunes por la noche y "Ladies Night

Out" los jueves, como si realmente se pudiera encontrar a una dama en un bar un jueves por la noche.

—La definición del ser humano —continué— a lo largo de la historia ha sido un largo y sonoro gemido.

Las monjas, que hasta entonces no habían dicho una palabra, sonrieron. El padre Phillipo soltó una risita:

—¡Qué edificante! —Me guiñó un ojo y tomó un bocado de pescado, un sorbo de vino y una rebanada de pan—. Empiezas a entender.

El siguiente plato fueron sardinas asadas de unos 15 centímetros, espolvoreadas con pimiento rojo y rociadas con aceite de oliva. Trajeron pan fresco. Todos sonreían.

El padre Marco, a mi lado, preguntó:

—¿Dónde estudió usted en el seminario?

Ya estaba muy cansado y comenzaba a hartarme del tono religioso.

—En el Centro Afgano de Investigación Matemática y Metafísica.

—Nunca he oído hablar de ese lugar.

—Por eso es tan estimulante intelectualmente. Nadie lo ha hecho.

El sexto plato: gambas hervidas con mantequilla y azafrán, cocinadas lentamente con finas lonchas de ternera a la parrilla.

El padre Louis comentó:

—Aunque la Iglesia siempre lo ha aconsejado, he llegado a la conclusión de que no todos somos iguales. —Me miró—. ¿Está de acuerdo?

—Sí, hasta cierto punto. Creo que lo que distingue a las personas es su elección de vida y su carácter, que en esencia es voluntad. La medida de un hombre no es cómo se comporta cuando todo va bien, sino cuando todo va mal. Las dos palabras clave son: *elección* y *voluntad*.

El último plato fue una ensalada fresca con aceite de oliva virgen, lechuga y rodajas de tomate cherry espolvoreadas con queso molido.

El padre Phillipo me preguntó:

—¿Se ha dado cuenta de que lo último siempre es lo mejor?

—No. Creo que el primero es el más memorable.

Toda la mesa estalló en carcajadas.

El padre Phillipo tomó un sorbo de vino y preguntó:

—¿Qué tanto tuvo usted que ver en la redacción del documento?

# 10

Siseo... chisporroteo... estallido... chasquido... desaceleración violenta, rotura pesada, desaceleración...

**Thud.**

Estaba tumbado de espaldas, mirando al techo. De fondo, se oía el suave silbido del sistema de tratamiento del aire. La habitación estaba fría, casi hasta el punto de dar escalofríos. Dos enfermeras trabajaban en un mostrador, de espaldas a mí. Yo estaba sujeta. Entró un celador y les entregó una nota. La leyeron y se detuvieron. Las dos comenzaron a hablar en voz baja. Una finalmente se volvió, se acercó a mí y, con un suave acento antillano, dijo:

—Tengo que decirle que su amiga Reenie ha muerto.

Me quedé de piedra. Pensé en nuestros días en la universidad, caminando cogidos de la mano por la hierba que nos llegaba hasta las rodillas. El cielo azul con nubes blancas e hinchadas, y las serpientes deslizándose desde la alta caña de azúcar en busca del sol. Recordé estar sentada en el columpio de su porche a las once de la noche, bebiendo té helado bajo el calor tropical y escuchando a los pájaros migratorios que venían del norte de Centroamérica. El calor y la humedad eran tan intensos que no podíamos rodearnos con los brazos sin generar aún más calor.

Conocí a Reenie en agosto del 73. Su padre, Tom, y el mío fueron compañeros de habitación en la universidad a principios de los cuarenta. En aquella época, las mujeres se alojaban en dormitorios y los hombres en casas de la ciudad. Cuando mi familia regresó a Estados Unidos desde Alemania, mis padres decidieron establecerse en Lafayette, Luisiana, impulsados por los buenos recuerdos de mi padre. Me matriculé en la universidad... al igual que Reenie. Qué pequeño es el mundo. Congeniamos al instante.

Nuestras familias se reunían para pescar cangrejos y hacer hervidos. Ella me enseñó a pescar cangrejos con un cuello de pollo, un trozo de cuerda y una red. Como me crié en Europa, no tenía ni idea de cómo funcionaba esta parte de América. Su familia era de origen francés y, aunque no eran cajunes, me guió a través de la cultura cajún de Luisiana.

En mi juventud europea, los únicos estadounidenses que conocí eran soldados del ejército de EE. UU. destinados allí durante la guerra de Vietnam. Su lenguaje y su jerga eran... coloridos. Con esas experiencias implantadas, entré en el mundo de las citas americanas. En Alemania, salir con alguien era un proceso gradual. La primera cita consistía en conversar y conocerse. En la segunda, tal vez se cogían de la mano. En la tercera, si tenías suerte, le dabas un beso en la mejilla cuando la dejabas en casa. En la cuarta, un beso de verdad.

Durante uno de aquellos hervidos de cangrejos, invité a salir a Reenie. Ella aceptó, y salimos el viernes siguiente. Fuimos a bares de estudiantes fuera del campus, donde había buena música, grandes historias y muchos gritos. Hacia medianoche, la llevé a casa. Vivía en el campo, en una casa que su padre construyó cuando regresó de la Segunda Guerra Mundial. Al entrar en el camino de entrada, se oía el crujido de los neumáticos sobre el pavimento de conchas. Apagué el coche. Era luna llena. Se oían insectos y loros centroamericanos discutir el menú.

—Me lo he pasado muy bien.

—Yo también.

—Mis padres no están en casa. ¿Te gustaría bajar?

Me sobresalté.

—Claro.

Entramos en la casa y ella preparó café. Era fuerte y lo sirvió en demitasses, acompañado de un plato con pequeñas galletas de azúcar. Cuando terminé el café, me indicó cortésmente la puerta. Subí a mi coche preguntándome: *¿Qué acaba de pasar...?*

Una semana después fue nuestra segunda cita. Estábamos en un bar estudiantil llamado *The Red Dog Saloon*. Después de unos sorbos de cerveza, le pregunté:

—¿Qué significa para ti "bajar"?

Parecía desconcertada. Le recordé nuestra cita anterior. Me explicó que era una vieja expresión cajún, que se remontaba a la época de los carruajes. Cuando alguien venía de visita, era de buena educación invitarlo a entrar: "¿Te gustaría bajar del caballo o de la calesa y pasar a la casa?".

Le contesté:

—Déjame decirte lo que significa donde yo crecí.

Cuando lo hice, dio un manotazo en la barra y estalló en carcajadas. Pensé que se iba a hacer encima de la risa. La quería mucho.

Ahora, tumbado, miraba el techo al borde de las lágrimas.

—¿Qué ha pasado?

—Solo dice que murió de vieja.

—¿Cómo es posible? Solo tenía catorce meses más que yo.

—Es la voluntad de Dios.

Intenté incorporarme, pero tenía las muñecas atadas a los lados de la cama.

—Por favor, desátame. Lo único que quiero es ir a la capilla y encenderle una vela.

—No. Eso es imposible. Podrás hacerlo más tarde, cuando estés preparada.

—Por favor. Quiero hacerlo ahora, antes de que se me adelante...

Intenté incorporarme. Ella me empujó hacia abajo.

—Suéltame. Déjame rezar.

—Ya habrá tiempo para eso más tarde.

Empecé a llorar. No sé si por la pérdida de una amiga querida o por la frustración de mi cautiverio.

—Todo lo que quiero es encender una simple vela por ella.

Me invadieron muchos recuerdos preciosos, como aquel tren de mercancías del Southern Pacific que pasaba por Broussard por la noche. El número de vagones parecía interminable, como los recuerdos.

El tren se oía todas las noches, aunque las vías estuvieran a kilómetros. La primera vez que lo escuché, estaba acostado con Reenie. Eran las dos de la madrugada. Me incorporé y pregunté:

—¿Qué demonios es eso?

Ella se dio la vuelta, me dio unas palmaditas en la pierna y dijo en voz baja:

—Es un sonido que he escuchado todas las noches de mi vida.

Se volvió a girar y susurró:

—Vuelve a dormirte. Es solo un recordatorio de que estás viva.

Pensé en la mañana siguiente. Los pájaros cantaban, comían plátanos e insectos. El sol brillaba a través de la ventana de celosías abiertas. El ventilador sobre la cama chasqueaba como los latidos de nuestros corazones. La criada y cocinera, que había trabajado para la familia durante años y había criado a Reenie y a su hermana mayor, Mary, entró en la habitación.

—Señorita Renée, la señorita Mary dice que es hora de que se ponga en marcha. Sus padres llegarán pronto.

Reenie se incorporó y anunció:

—Dile a la señorita Mary que se ocupe de sus malditos asuntos.

—¡Oh, no! ¡No voy a meterme en medio de esta pelea de gatas! —Me miró y preguntó—: Señor Edmund, ¿quiere desayunar? Tiene que comer antes de ir a misa.

—Sí, por favor. Dos tostadas con mantequilla y su maravilloso café.

—No tenemos pan esta mañana, solo croissants.

—Pues corta dos, tuéstalos como siempre y sírvelos con mantequilla y mermelada de uva. Estaré en la cocina cuando termine de afeitarme. Por cierto, no soy católico.

Ella desvió el tema y preguntó:

—¿Y si no tenemos jalea de uva?

—Nos apañaremos con lo que haya. ¿Hay abejas ahí fuera?

—Sí, señor.

—Entonces hay miel.

Los recuerdos eran tan hondos, tan llenos de una calidez dolorosa, que me quedé tumbado con las lágrimas asomando a los ojos. La enfermera sonreía con dulzura, como si entendiera algo que yo aún no alcanzaba a comprender.

—Usted no lo entiende. No se está alejando, está tirando de usted. Quiere que vaya con ella. Y podemos decirle que no tiene miedo... sólo desea volver a pasear con usted por la hierba alta.

Me quedé inmóvil, intentando encontrarle sentido a sus palabras. Reenie... su sonrisa luminosa, su risa contagiosa, su ternura infinita. Tan llena de vida. Tan viva aún en mi memoria.

—Sólo quiero encender una vela por ella —le supliqué.

—Lo siento. No puedo desatarle.

Cada intento de incorporarme era en vano. Las correas me retenían y la enfermera me empujaba suavemente hacia abajo, como si mi tristeza pudiera desbordarse si me ponía en pie. La impotencia me envolvía como una losa. Cuando se marcharon, me quedé allí, sola con mis lágrimas, rememorando cada instante con Reenie, cada risa, cada noche de verano bajo las estrellas.

Entonces apareció un médico militar. Llevaba un móvil colgado del cinturón. Le conté lo de Reenie. Si no podía encender una vela por ella, al menos quería enviarle flores. Algo. Un gesto.

—Eso sería muy amable —respondió con voz serena. Me desató las muñecas, ajustó el respaldo de la cama y me tendió su teléfono.

—Ahora vuelvo.

Regresó con una guía telefónica amarilla en las manos.

—Hazlo rápido.

Marqué el número de una floristería. Pedí una docena de rosas rojas. Las envié a la única dirección que recordaba: la vieja casa de la familia en las afueras de Broussard, con el sendero de conchas que crujía bajo los pies. Esa casa donde habíamos compartido tantas tardes.

A la noche siguiente, el soldado volvió. Usé de nuevo su teléfono para confirmar la entrega. Nada. Sin rastro. Sin respuesta.

Pedí otro ramo.

La tercera noche, volví a intentarlo. Sin confirmar.

Hice el pedido una vez más, por última vez. No sabía si alguien las recibiría. Si alguien sabría siquiera quién era yo.

Pero mientras yacía allí, inmóvil y lleno de recuerdos, supe lo que debía hacer. Tenía que volver a aquella casa. Tenía que presentarme en persona y despedirme de ella… como se merecía.

# 11

Me encontraba conduciendo por el suroeste de Luisiana en dirección a aquella vieja casa de Broussard. Al girar en el crujido del camino de entrada, oí el «¡Caw!» de un cuervo que anunciaba mi llegada. La única persona de su familia que quedaba viviendo en la zona era su hermana Mary. Era enfermera y no conocía sus horarios. Esperaba pillarla en casa.

Aparqué y salí del coche. El calor tropical y la humedad cayeron sobre mí como una manta húmeda y caliente. Subí los escalones y llamé a la puerta. Me sobresalté al ver tres jarrones de cristal con rosas rojas muertas, marchitas por la temperatura y secas por el sol. Me senté en el columpio del porche y pensé en ella: «*Que Dios te bendiga, Rennie*».

Volví al coche y reflexioné: ya que tenía una eternidad para vagar, debería conducir hasta la costa del Golfo y echar un vistazo a la casa de mis padres. Estaba en la costa de Misisipi. Aunque mis padres habían muerto, ver el lugar del que todos guardábamos buenos recuerdos me recordaría una época más tranquila y despreocupada. Después, conduciría hasta Colorado e intentaría encontrar la tumba de Reenie. También pensé que Anne se había graduado en la Universidad de Colorado; quizás la encontraría allí. Era una exageración de la lógica, pero estaba decidido a intentarlo. No iba a rendirme.

Cuando llegué a la casa de mis padres, aparqué en la calle. La vivienda estaba vacía. Caminé hasta el patio trasero para ver el jardín de rosas de mi madre. Estaba lleno de maleza, casi tan alta como los rosales. Pero algo captó mi atención de inmediato:

en medio de aquel jardín abandonado, había una rosa rosa perfecta.

## Aceleración. Velocidad creciente. Desaceleración. Golpe seco.

Me encontré sentado en una mesa de picnic en el patio de un motel destartalado en la costa del Golfo de Misisipi, a medio camino entre Biloxi y Gulfport. Estaba terriblemente confuso y no tenía idea de cómo había llegado hasta allí. Era un motel barato, con unas quince habitaciones. Mirando hacia el sur, con el sol brillando sobre el agua, a la izquierda había una cafetería cerrada. Junto a las mesas, unas máquinas expendedoras. Compré una taza de café solo. Hubiera preferido una tostada con mantequilla para acompañarlo.

Estaba tan cansado que, en varios momentos, apoyaba la cabeza sobre los brazos, luchando por respirar. Intentaba entender qué estaba pasando.

De repente, el estruendo de una docena de motos irrumpió en el silencio. Apareció un grupo de moteros, sacando cosas de las máquinas y ocupando los bancos cercanos. Una mujer vestida de cuero negro me dio un empujón en el brazo y preguntó:

—¿Crees en la pena de muerte?

Levanté la vista y respondí:

—No creo que sea algo en lo que *haya* que creer, pero la apoyo para quienes realmente la merecen.

Ella sonrió y dijo:

—Bien. Dentro de una semana celebraremos en Colorado una manifestación a favor de la pena de muerte. Es en una antigua instalación de las Fuerzas Aéreas que hemos alquilado. Asiste, por favor. Podrías aprender algo.

—Eso suena arrogante —repliqué—. ¿De qué trata exactamente?

—De la vida. De lo que significa. Y de las consecuencias de nuestras elecciones.

Por su forma de vestir y actuar, deduje que no eran filósofos con doctorados. A mis cincuenta y dos años, debería haber aprendido que la curiosidad siempre trae problemas.

—Suena interesante. Dame la fecha y la hora; lo consideraré.

Solo quería recuperar el aliento. Volví a apoyar la cabeza en los brazos y me quedé dormido.

## Aceleración. Velocidad creciente. Desaceleración. Un ruido sordo.

Cuando me acerqué a la entrada de unas instalaciones de las Fuerzas Aéreas en desuso —un vestigio de la Guerra Fría—, allí estaba Annie Bocquitt, sentada en un banco. Sorbió un vaso alto de té helado y, sin mirarme, dijo con calma:

—No quieres entrar ahí.

—Sí quiero. Tengo curiosidad. Además, les hice una promesa.

—Como quieras. —Alzó la vista y sonrió—. Pero recuerda: más gatos han muerto por curiosidad que por causas naturales.

Me di la vuelta y caminé hacia la puerta blindada de dos toneladas, completamente abierta.

—Si lo haces, será muy difícil recuperarte —añadió—. Y las promesas no siempre valen lo que crees.

Al cruzar el portal, un capitán de las Fuerzas Aéreas, apoyado contra la pared, se enderezó al verme:

—No entres.

Ignoré la advertencia y seguí avanzando por el túnel. De pronto, cuatro hombres me abordaron y me arrastraron a una sala con una mesa de reconocimiento médico en el centro. Me desnudaron a la fuerza, me ataron a la camilla y me inmovilizaron los pies en los estribos. Untaron lubricante en mi ano y testículos. Dos de ellos se desnudaron, ya semierectos. Uno tenía un pene enorme; el otro, mucho más pequeño. Este último se puso completamente erecto y fue el primero.

—¡Por favor, para! —supliqué.

Él sonrió.

—Cállate y aprende.

Gemió y eyaculó. Permaneció unos segundos más, sonrió y le dijo al otro:

—Te lo he preparado.

El más grande penetró con violencia. Grité, rogando que se detuviera. Cada embestida era más brutal, más profunda.

—¡Dios! ¡Por favor, basta!

Pero continuó, hasta que, con un último gemido, se derrumbó sobre mí. Permaneció dentro un tiempo interminable, hasta que finalmente se retiró.

Los dos se quedaron de pie entre mis piernas, acariciándose. El más grande dijo:

—Tienes diez minutos para decidirte. Cuando vuelva, será con un amigo aún más grande. —Hizo una pausa—. Si te sometes, estarás del otro lado. Y créeme: en ciertas situaciones, es mejor dar que recibir.

—No me someteré.

—Sí lo harás. —Levantó su miembro—. Estará listo.

Mientras intentaba concentrarme en el techo, recordé mi infancia, cuando mi hermano me enseñó el Padre Nuestro. Empecé a rezarlo en voz baja.

—*Padre nuestro, que estás en los cielos, santificado sea tu nombre…*

—Soy el capitán Roberts —susurró una voz urgente—. Trabajo para el coronel Boqcuit. Me envió a sacarte de aquí.

Cortó mis ataduras y me entregó papel higiénico.

—Vístete rápido.

Al salir, la coronel seguía en el banco, bebiendo té y leyendo. Alzó la vista.

—¿Te ha gustado?

—No.

—Pues toma este consejo: la próxima vez que te digamos que no hagas algo, escucha.

—¿Dónde está Anne? —pregunté, aún aturdido.

—Delante de ti.

Fui a mi coche de alquiler y conduje de vuelta al hotel. Lo primero que hice fue darme una larga ducha caliente. Sentado bajo el vapor de la ducha, me pregunté cómo iba a encontrar a Ana. Recordé que había estudiado en la Universidad Trinity de San Antonio, así que pensé: Colorado no funciona. Ningún listado en ninguna parte. Nada. Aunque sería una posibilidad remota, iría allí e intentaría encontrarla. En ese momento, estaba desesperado.

Iba de camino a San Antonio, pero estaba agotado y decidí pasar la noche en Houston. Después de registrarme, fui al bar del vestíbulo. Era muy lujoso, predominantemente negro con manteles azules y una barra de granito oscuro. El bar estaba retroiluminado con una luz púrpura intensa y había velas votivas en la barra y las mesas. Había láseres que se movían lentamente y una música suave propia de una tienda de naturaleza. De vez en cuando sonaba un canto gregoriano.

Apareció el camarero, con una impecable camisa blanca y pajarita negra, y preguntó:

—¿Qué desea, señor?

Le pedí un gin martini solo con una aceituna. Lo único que quería era un cóctel fuerte, darme una ducha caliente e irme a la cama. Mientras estaba sentado allí, todavía en la niebla y tratando de averiguar dónde estaba y cómo había llegado, miré a mi izquierda. Fue casi una atracción gravitatoria.

Había un hombre con un traje negro muy caro. Nos miramos a los ojos. Sonrió y me preguntó:

—¿Ya estás embarazada?

Le miré atónito. Pensé que estaba borracho.

—Tengo que confesar que, de todas las personas que he intentado reclutar, tú has sido una de las más divertidas. Las súplicas me dan mucho morbo. La mayoría van de buena gana.

Dejé la bebida y le contesté:

—Lárgate antes de que te mate.

Echó la cabeza hacia atrás, se rió, dio un sorbo a su bebida, se limpió la boca con el dorso de la mano y replicó:

—No lo harás. Eso es imposible, teniendo en cuenta que llevo muerto unos cuantos miles de años. Lo que lo hace divertido es estar al día de las últimas tendencias. Las antiguas —asesinato, prostitución, homosexualidad— son instituciones en cualquier punto de la historia.

Sonrió satisfecho y continuó:

—Lo que me divierte son las nuevas, como el crack y el sida, el rap y el hip hop. Incluso la mierda de heavy metal que llaman música, «Highway to Hell». Esos rastreros no tienen ni idea de lo que se tragan. Les doy la bienvenida.

Con una sonrisa aterradora, siguió:

—Lo que me mantiene entretenido es ver lo creativos que pueden ser los humanos en sus continuos métodos de descenso. Es como pescar. Cuelgas un gusano atractivo y la humanidad picará sin pensárselo. Los más fáciles de atrapar son los que se alimentan del fondo. Los jóvenes con tatuajes y collares de oro robados que creen que la música rap, hip hop y heavy metal durará para siempre.

Sonrió satisfecho.

—Para ellos sí. Porque son demasiado tontos para entenderlo: yo escribo las canciones. Una vez que los engancho, son míos.

Le miré asqueado y comenté:

—Eres una de las pocas almas que he conocido que era pura maldad. Prefiero que me aburra Brahms a que me folle Fausto.

—A eso me refiero. La inmensa mayoría de la gente elige a Fausto. Al final, sale bien. He descubierto la fuente que me ha permitido crear un parque de atracciones eterno.

—¿Un parque de atracciones?

—No el suyo, el mío.

Hizo una pausa, encendió un puro y preguntó:

—¿Recuerdas el lanzamiento de la moneda en Kabul? Llamaste a mi bando.

—¿Estabas allí?

—Idiota, siempre estoy contigo, estoy con todos los hombres.

—Que te jodan. Aléjate de mí.

Aceleración, giro, velocidad creciente, desaceleración. Golpe seco.

Estuve esperando en un aeropuerto lo que me pareció una eternidad a que su vuelo se anunciara como llegado. Incluso cuando llegó, sabía que la espera sería más larga, porque siempre se tarda más en bajar de un avión que en subir. Por eso siempre he pensado, cuando vuelo: «Si pasa algo, todo el mundo va a morir, porque durante una evacuación de emergencia siempre habrá algún gilipollas que intentará recuperar su bolsa de mano sobredimensionada a costa de todas las almas del avión».

Cuando fue evidente que no iba a llegar, fui al mostrador de ayuda de la aerolínea para averiguar si lo había conseguido. La mujer que trabajaba parecía haber tenido un día muy largo o una relación terrible. Le dije bromeando:

—He perdido a mi mujer.

—¿Es una bolsa?

—No la última vez que la vi. Era bastante guapa. ¿Podría hacerme el favor de mirar en su ordenador si ha cogido el vuelo?

—No. Este mostrador es para equipajes perdidos. Pruebe arriba, en el mostrador de facturación.

—Gracias. Ha sido usted de gran ayuda.

Subí un piso hasta la zona de facturación y no había nadie atendiendo el mostrador, así que me senté en una de las tres sillas acolchadas que rodeaban una mesa de centro de dos por dos metros. Era blanda, cómoda y se adaptaba a la forma de mi cuerpo. Había constantes anuncios de vuelos de llegada y salida. Cuando oí el anuncio del número de vuelo en el que debía estar Anne, pensé: «Ese vuelo aterrizó hace más de una hora».

Intenté levantarme, pero la silla no me dejaba. Intenté rodar de lado para caer al suelo. Pero no funcionó. Había un hombre sentado frente a mí que me resultaba familiar. Sonreía. Dijo:

—Luchar no tiene sentido.

—¿Por qué?

—Porque estás aquí.

—¿Dónde estoy?

—Sentado en una silla diseñada para evitar que los ancianos se caigan y se rompan un hueso, y luego pidiendo una compensación económica al aeropuerto por proporcionar mobiliario público inseguro.

Sonrió satisfecho y miró a una persona mayor que dormía en otra silla.

—Como si fuera a tener dónde gastárselo. ¿Ha utilizado alguna vez un andador?

—No estoy seguro de entender esta conversación. Lo único que quiero es reunirme con mi mujer e irme a casa.

—Eso no sucederá hasta que ella llegue y te ayude a levantarte.

—Maldita sea, esto es frustrante. Quiero levantarme.

—Sométete y esto terminará. Tus diez minutos han terminado.

De repente le reconocí. Aunque su apariencia era diferente, su forma de hablar y sus gestos eran los mismos.

—Padre nuestro que estás en los cielos...

—Deja de recitar eso. No me gusta.

Miré al techo y pregunté en voz alta:

—Esta conversación me suena, ¿cuántas veces hemos hablado de esto? ¿No hemos tenido esta conversación antes? ¿Por qué debería complacerte?

Pensé en mi conversación con Ralph en el rellano. Sonreí y continué:

—Se trata de Will. El mío es mayor que el tuyo. ¿Prefieres que te diga que te largues?

Sonreí y añadí:

—En la Biblia hay un concepto: «Lo que el Diablo quiere para destrucción, Dios lo convertirá para bien».

Miré a la anciana que dormía en la silla contigua a la mía. Ya no estaba. Me volví hacia el hombre con el que estaba hablando y ya no estaba. La succión de la silla también había desaparecido. Me levanté y me alejé, intentando encontrar a mi mujer.

## Chasquido, silbido, aceleración, flotando en el espacio, desaceleración: Thud.

Estaba sentado en una área de descanso en el sur de Arizona, a unos ocho kilómetros de la frontera con México. La parada era un desvío de la interestatal con mesas y bancos. En la mesa frente a mí, unas criaturas diminutas, del tamaño de un pulgar, bailaban a mi alrededor. No podía distinguir la cabeza de la cola porque no tenían cara. Recuerdo que no paraban de saltar verticalmente, unos dieciocho centímetros, haciendo volteretas en el aire. Se oía un pequeño chasquido cuando despegaban.

Con dificultad para respirar, las observé durante unos treinta minutos, hasta que llegaron los roedores. Eran un poco más grandes que ardillas, con pelo largo y castaño. Lo más llamativo: eran cíclopes, con un solo ojo en medio de la frente. Empezaron a darse un festín frenético con esas criaturas diminutas. Me fascinaba cómo podían atrapar algo en el aire sin visión binocular. ¿Cómo se calcula la distancia con un solo ojo? Uno de los cíclopes tenía un pelaje precioso, como para cualquier casa de moda. Estaba comiendo tranquilo cuando un perro —en realidad, un coyote— salió de entre los arbustos, lo agarró por la nuca y se fue trotando al desierto.

Los demás roedores se dispersaron, las criaturas diminutas dejaron de saltar. No podía respirar. Me agaché y apoyé la cabeza en los brazos. De vez en cuando oía coches pasando por la interestatal.

—¿Estás bien? —El coyote había vuelto. Estaba sentado frente a mí, lamiéndose la sangre de las patas.

Le levanté la vista y pregunté:

—¿Por qué hiciste eso?

Hizo una pausa y contestó:

—Por la misma razón que me comía a los Poppers. Tenía hambre.

Giró la cabeza de un lado a otro, mirando por encima de los hombros.

—Lo que me preocupa son los linces y los leones. Ellos también pueden tener hambre. A un amigo mío, Manuel, se lo comió un león ayer.

—Entonces, ¿quién se come a los leones?

—No sé si eso sea posible.

Seguía mirando por encima del hombro, como un delincuente que quiere evitar a la policía.

—Hay animales que no puedes matar. Lo que te hace sentir vivo es saber que siempre están cerca.

Giró la cabeza rítmicamente, casi como un péndulo de reloj. Nos quedamos en silencio treinta segundos y anunció:

—Estoy cansado. Me voy a dormir.

—¿Cómo puedes dormir sabiendo que algo quiere comerte?

Se tiró al suelo, miró por encima del hombro y dijo:

—Tienes que encontrar un lugar seguro y dejar el resto al destino. Lo peligroso es encontrar tu sitio.

Se dio la vuelta y trotó hacia la maleza. Me apoyé con la cabeza entre los brazos, intentando respirar, pensando en lo que había dicho: "Deja el resto al destino". De repente, oí un rugido, un grito agudo y conmoción en la maleza. Miré hacia arriba y todo se quedó quieto. Miré más alto y vi las estrellas brillantes que pueden ser tan hermosas en el cielo nocturno de Arizona. Debería haber dicho: "Deja el resto a Faith".

## Hiss, sizzle, sensación de ingravidez, bang, pop.

Reenie había excavado una capilla en una vieja mina de sal cuando era joven. Me llevó allí una vez. Era su lugar privado. Estaba protegida por un león que vivía allí. Un gran gato salvaje nativo de Luisiana. Dormía en un altar cincelado en una pared. Había otro altar con iconos religiosos.

Mientras bajaba a la gruta, recordé su advertencia sobre el gato:

—Puedes admirarlo desde lejos, pero si te acercas demasiado o intentas acariciarlo, te matará.

Durante la visita, me llamó la atención el altar tallado. Había una vieja estatua de porcelana de la Virgen María y muchas velas derretidas y quemadas. También huesos de un animal que había muerto hace años. Miré y allí estaba Reenie. Era translúcida.

Recuerdo aquella primera visita, admirando al animal.

—¿Quién lo alimenta?

—Los coyotes.

—¿Coyotes aquí?

—Por todas partes. En este nivel hay cuatro estados de existencia: poppers, cíclopes, coyotes y leones.

—¿Y nosotros?

—Estamos en un plano diferente.

Me pregunté: ¿Es posible yuxtaponer acontecimientos del pasado al futuro?

## 13

*Siseo, chisporroteo, chasquido, estallido, desaceleración rápida.*

Estaba sentado al final de una larga mesa de caoba, tan pulida que podía ver los reflejos de los cuadros en la pared. Sobre el centro de la mesa colgaba una gran araña de cristal. Miré a mi izquierda y, en la sala contigua, cuatro hombres jugaban a las cartas, bebían en copas de jerez de cristal y fumaban puros. Intenté gritar, pero no me oyeron. Intenté levantarme, pero no pude. Otra vez aquella fuerza que me sujetaba firmemente a la silla. Sentí la opresión en el pecho. Me incliné hacia delante y apoyé la cabeza en los brazos.

—Tengo que admitir que esto ha sido de lo más entretenido

—dijo una voz.

Levanté la cabeza y vi que estaba sentado al otro lado de la mesa, con un traje azul a rayas, camisa blanca y corbata burdeos, alisándose el bigote cubano con el pulgar y el índice derechos. De nuevo, no tenía reflejo. Miré a través de la lámpara de araña. Me estaba cansando de la pelea.

—¿Por qué yo? No he hecho nada malo —pregunté.

—¡Idiota! No te he seleccionado por lo que has hecho. Te he seleccionado por tu potencial.

—¿Potencial para hacer qué? —Empezaba a enfadarme visiblemente.

—Mis órdenes. No te preocupes, estaré ahí para ayudarte. Siempre estoy contigo.

Apareció en la silla más cercana a mi izquierda.

—Te dije que te alejaras de mí.

Quería matarlo, pero al mismo tiempo no quería tocarlo. Desde el otro extremo de la mesa se estaba riendo.

—Eso es lo que va a hacerlo interesante y divertido: ver esa voluntad tuya doblarse en incrementos. Puedo explotar muchas situaciones diferentes en las que te enfrentarás a diversas opciones morales. La combinación de las decisiones que tomes acabará provocando tu implosión. Cuanto más fuerte sea tu voluntad, más divertido será.

Se levantó, se arregló la corbata, se alisó el bigote y echó la silla hacia atrás.

—Bueno, abandonaré tu conciencia durante un tiempo —sonrió satisfecho—. Tengo que ocuparme de mis rosas. Volveré a verte cuando menos te lo esperes.

Busqué su reflejo en la mesa. Nada. Levanté la vista y ya no estaba.

Qué sensación... bailar en el techo...

—Quédate en la habitación —Kylie estaba de pie junto a la cama. Acababa de despertar. Hacía años que no veía a Kylie. Allí estaba, con un rayo de sol de la mañana penetrando por las ventanas y bailando sobre su hermoso cabello rubio. Llevaba una bandeja en la mano.

Cuando Anne estaba embarazada de ocho meses y estábamos destinados en Alemania —y dado que las Fuerzas Aéreas podían enviarnos de un momento a otro a varios puntos calientes del Sur— decidimos que necesitábamos una niñera. Me puse en contacto con varias agencias, concerté entrevistas y encontré a Mary Poppins.

—¿Por qué?

Con su delicioso acento británico, respondió:

—Puede ser peligroso hasta que te acostumbres. Aquí tienes café.

El aroma era maravilloso, y había dos pequeñas galletas de azúcar en el platito, junto a una cuchara de plata.

—¿Acostumbrarme a qué?

—Mientras no estabas, las leyes de la física han cambiado radicalmente.

Me senté y bebí un sorbo.

—¿Qué significa?

Sonrió suavemente y me puso la mano en la frente.

—No hay arriba ni abajo. No hay centro de gravedad. Cualquier superficie que elijas parece horizontal. Puedes atravesar una habitación y encontrarte con una pared. Pon el pie en ella y sigue andando, y cuando llegues a lo que antes era el techo, pon el pie en él y sigue andando. Cada superficie que pisas es una «G».

—¿Y las lámparas de araña y los cuadros?

—Se quedan donde estaban instalados, tal y como estás acostumbrado a verlos. Cuando estás de pie sobre una pared, parecen estar suspendidas lateralmente. Igual que los cuadros. Es un poco desorientador hasta que te acostumbras. Te sugiero que, cuando decidas salir, te arrastres sobre las manos y las rodillas. Al cabo de un rato, el vértigo se irá.

—¿Es posible caerse?

Ella sonrió y contestó:

—Sí, todos podemos, pero hay que esforzarse.

—Sigues siendo bienvenido. Tu bienvenida depende de tus elecciones. La vida es buena. Disfrútala.

# Tercera parte: El camino de vuelta

## Centro Médico del Ejército Walter Reed, Washington, D.C. Septiembre de 2005

Un ruido sordo.

Mis ojos se abrieron de golpe y estaba mirando el techo suspendido de una habitación. Era una habitación de hospital de la Unidad de Cuidados Intensivos. Giré la cabeza hacia la derecha y Anne estaba sentada allí. Me preguntó:

—Hola, ¿sabes dónde estás?

La miré, aún pensando que estaba soñando. Tuve que susurrar debido al agujero que tenía en la garganta por la intervención quirúrgica y la inserción de un tubo respirador colocado en la parte inferior. Me lo habían quitado unos días antes.

—No.

—Estás en Walter Reed.

—Eso está en Washington, ¿no?

—Sí.

Después de ocho semanas de estar muerto, luchando por volver, todavía parecía una continuación del sueño. Le tendí la mano. No era capaz de agarrar la suya, así que ella tomó la mía. Solo pude susurrar:

—Dios mío. Por fin te he encontrado.

Uno o dos días después, cuando decidieron que estaba lo bastante estable para moverme, me trasladaron a lo que llaman

Unidad de Cuidados Intensivos Step Down. En mi caso, era un punto intermedio entre la Unidad de Cuidados Intensivos y la Sala Cardio-Torácica. También se usaba como ingreso para los servicios de urgencias. Creo que me tuvieron que aparcar allí hasta que la Sala de TAC tuviera una habitación o personal disponible.

Estaba en una fila de diez camas, separadas por una cortina que colgaba del techo hasta medio metro del suelo.

Con cada nuevo ingreso, aparecía un médico y empezaba su discurso memorizado sobre las «Medidas no heroicas». Todos los que estábamos allí tumbados podíamos oírlo. Yo estaba muy sedado y frustrado por mi estado. Por fin conseguí la atención de un médico.

Le susurré:

—¿Por qué no les dices que van a morir y acabas de una vez? Estoy harto de tener que estar aquí toda la noche escuchando cómo se lo decís con delicadeza. Si quieren vivir, con vuestra ayuda y su determinación, lo más probable es que lo hagan. Mientras tanto, intento pensar. Me importa una mierda su miseria. Yo lo logré y ellos también pueden. En lugar de leer tu «Lista de medidas no heroicas», ¿qué tal si les dices que pueden vivir si hacen lo que les dices y creen en algo?

Me miró como si estuviera loco.

Continué:

—Te ahorraré mucho tiempo. Hazlos pasar aquí, dame la lista de comprobación y se la leeré.

El médico se marchó y una enfermera con antecedentes familiares en las Antillas se acercó a mí y empezó a cepillarme el pelo. Me dijo con un delicioso acento caribeño:

—Pensábamos que habrías aprendido más que eso. La mala noticia es que no has vuelto. Solo estás a mitad de camino.

A la mañana siguiente, temprano, me trasladaron a la sala de TAC. Las cosas iban mejor. Tenía mi propia habitación y el personal era maravilloso.

—¿Puedo ayudarle en algo? —me preguntó la enfermera.

Mientras hablaba, escribía en una pizarra junto a mi cama. Escribió el día de la semana, la fecha y, debajo, su nombre. Se llamaba teniente primera Laura Criegler. Tenía la sonrisa más familiar y bonita. Había una deliciosa fragancia de jazmín en el aire.

—Sí, por favor, una taza de café solo y una tostada con mantequilla. Hacía tanto tiempo que no probaba nada.

—No podemos hacerlo hasta que te hagan una prueba de deglución —me cogió la mano y continuó—. Ten paciencia. Has llegado hasta aquí. Puedes hacerlo.

Me estaban alimentando con una sonda PEG en el estómago. La abreviatura es un término médico que significa gastrostomía endoscópica percutánea. Se trata de un tubo de plástico transparente de tres octavos de pulgada que se introduce a través de la piel hasta el estómago, y por el que el personal de enfermería me vertía la nutrición suficiente para mantenerme con vida. Tiene una pequeña pera en el extremo para evitar que se salga del estómago. En los días siguientes a la inserción, el estómago y la piel exterior se cerraban a su alrededor. Por suerte, estaba inconsciente cuando me lo pusieron. Por desgracia, estaba despierto cuando me lo quitaron. También fue una experiencia interesante. Me acababan de quitar el tubo del respirador de la garganta. Aunque había una válvula insertada en el orificio, les preocupaba que pudiera aspirar si no podía tragar bien.

—Vale, tendré paciencia. Cambiando de tema, hay muchas cosas que quiero saber sobre lo que pasó cuando me fui. Por ejemplo, ¿encontraron al animal o simplemente decidió irse?

—¿De qué estás hablando?

—El animal que acampaba entre mis pantorrillas. Tenía la costumbre de amasarme las piernas con sus garras. Pensé que era un gato grande o un mapache. No podía entender cómo alguien no se había dado cuenta. Era peludo y bastante fuerte.

Me miró incrédula y afirmó rotundamente:

—Lo que estás describiendo es un Sistema de Compresión Secuencial Gradiente para prevenir la Trombosis Venosa Profunda.

—No tengo ni idea de lo que estás hablando, pero supongo que no tengo que preocuparme por las pulgas. ¿Qué me dices de la tostada?

—De ninguna manera.

15

Era la primera semana de octubre y me sentía como si me hubiera atropellado un autobús. Fue entonces cuando uno de los gilipollas más negativos que he conocido entró en la sala con un desfile de personas a las que se suponía que iba a enseñar sobre medicina hospitalaria.

—Permítame decirle en qué estado se encuentra. Tiene Neumonía Criptogénica Organizante.

—¿Qué significa eso?

—Algo sobre el pulmón que no podemos explicar. Sin embargo, debido a su estilo de vida y el lugar elegido para trabajar, sus pulmones se han visto seriamente comprometidos. Como ha estado inconsciente durante ocho semanas, no puede sostener un lápiz, estar de pie, y mucho menos caminar. Se enfrenta a por lo menos dos cirugías. Espere estar aquí unos seis meses, después de lo cual probablemente será paciente interno en un centro de rehabilitación física durante aproximadamente un año.

Estaba tumbado en una cama de hospital parecida a una balsa salvavidas inflada. En aquel momento no podía sentarme, pero sí girar la cabeza. Me habían colocado otra válvula más grande en la garganta para que pudiera hablar. Miré al médico, un coronel del ejército con el ceño fruncido. Detrás de él había un grupo de becarios, residentes, internos y estudiantes, todos capitanes con batas blancas de distintos largos, que me miraban atentamente como si fuera una especie de espécimen. Lo primero que pensé fue:

«Por mucho que me haya esforzado por volver, ¿por qué intenta desanimarme?»

Mi enfermera, la teniente primera Laura Crigler, estaba a los pies de la cama con su sonrisa familiar. Pensé:

«Llevo ocho semanas inconsciente. He estado muerto.»

Giré la cabeza, intenté sonreír y le pregunté al médico:

—¿Ha terminado?

No parecía mi voz.

—Sí.

—Bien. Deje que le explique lo que va a ocurrir en realidad: Dos semanas antes de Acción de Gracias —levanté dos dedos y repetí—: dos semanas... Me voy a casa, con mi familia, mis libros, mis gatos y mi jardín. No sé qué les enseñan a ustedes en el Ejército, pero en el Ejército del Aire hay dos conceptos básicos profundamente arraigados en nosotros: el primero es no renunciar. Me voy a casa. No tengo intención de pasar ni una noche ingresado en un centro de rehabilitación física. Si considero que los ejercicios son necesarios, los haré en casa. El segundo objetivo es: irme a casa. Y luego, una vez que me sienta lo suficientemente bien, voy a volver a Afganistán y dar las gracias a todos los que todavía están allí y que tuvieron algo que ver en salvarme la vida. Si no tienes nada que aportar a esos dos objetivos, no te necesito.

—¿Estás rechazando los cuidados?

—No. Estoy rechazando tu ausencia de cuidados.

—Pareces enfadado.

—No. Estoy deseando.

Todos los médicos y estudiantes que estaban detrás de él miraban al suelo. Uno de ellos era un becario de Neumología al que llegaría a conocer bien en esa parte de mi largo camino de vuelta. Le habían asignado mi caso. El coronel no lo quería.

Tenía otros pacientes a los que desanimar. Giró sobre sus talones y salió de la habitación. Fue como si me hubiera tirado un pedo en la iglesia. Todos sus cargos le siguieron sin decir palabra.

La enfermera Crigler seguía de pie a los pies de la cama. Sonreía. La sonrisa seguía siendo familiar.

Se acercó al lado izquierdo de la cama y alisó las sábanas.

—Probablemente no debería decírtelo, pero ese médico es uno de los mayores gilipollas de este hospital. Es coronel; no creo que nadie le haya hablado así.

—Podría ser. Después de todo lo que he pasado, lo último que necesito es que un imbécil que nunca ha oído un disparo se pavonee en esta habitación a las diez de la noche y haga un esfuerzo heroico por desanimarme.

—Creo que vas a ser muy conocido aquí.

Mientras se dirigía a la puerta, se volvió y preguntó:

—¿Necesitas algo más esta noche?

—No, gracias. Y gracias por todo lo que has hecho por mí. Eres un ángel.

Ella sonrió, se volvió para irse y dijo:

—Ya lo creo. Por eso me visto de blanco. Soy la encargada de ayudarte a volver a casa.

—Oiga, teniente, lo que acaba de presenciar ha sido el comienzo de una prueba de voluntades que tengo toda la intención de ganar.

Ella miró hacia atrás con esa sonrisa familiar y dijo:

—Apuesto a que lo harás.

—Por favor, no cierres la puerta. Si puedes, ábrela con el cubo de la basura. No quiero seguir encerrado.

Nunca había sentido claustrofobia en mi vida, pero al haber estado sujeto durante el viaje, las ideas de no tener libertad habían llegado a ser aterradoras.

—Entendido.

Las órdenes del médico eran que me controlaran las constantes vitales cada cuatro horas. Era difícil dormir porque un técnico médico irrumpía en la habitación con un carrito, me metía un termómetro en la boca, me colocaba un manguito de presión arterial en el brazo y un sensor en la punta de uno de mis dedos. Esto ocurrió a las diez de la noche, a las dos de la madrugada y de nuevo sobre las seis. A esto hay que añadir una visita a la una de la madrugada, cuando llegaba el conserje para vaciar la basura. La volvía a colocar donde estaba acostumbrado a verla y la puerta se cerraba de golpe. Yo utilizaba el botón de llamada al puesto de enfermeras y preguntaba si alguien vendría a abrir la puerta.

A las cinco y media llegaba otro equipo con una máquina móvil de rayos X para hacer una radiografía diaria de tórax. Necesitaban radiografías actuales para los médicos cuando entraban de turno. Era como intentar dormir en la estación de tren de Fráncfort. Llegué a pensar: «Habría sido más fácil morir en Afganistán.» Pero siempre recordaba: «Como quieras.»

A la mañana siguiente, después de la radiografía de tórax diaria, llegó otro médico. Se presentó diciendo:

—Soy el doctor Jordan. Soy residente de psiquiatría. Pensé en pasar a ver cómo le iba.

Pensé:

«Mentira. Debí de cabrear mucho a ese coronel anoche.»

Me di cuenta de que cuando el médico volvió a su despacho, lo primero que hizo fue llamar a los profesionales de Salud Mental. Nunca nadie le había hablado así.

—No estoy precisamente en mi mejor momento de salud, pero, por lo demás, estoy bien.

—¿Cuáles son tus objetivos?

Sólo para fastidiarle, le dije:

—Escapar.

—¿Escapar de qué?

—De aquí.

Empezó por el mismo camino que el médico la noche anterior: lo mal que estaba, lo que me esperaba, hospitalización prolongada, rehabilitación física, etc. Le escuché zumbar durante unos tres minutos y finalmente detuve el monólogo. Levanté la mano derecha, con la palma hacia delante, y me rocé dos veces la oreja derecha.

Hay un aspecto interesante en el Islam: sea cual sea el idioma o dialecto que utilices, el lenguaje corporal es mucho más importante que en la civilización occidental. Supongo que tiene sus raíces siglos atrás, cuando el comercio a lo largo de la Ruta de la Seda requería una interacción personal sin la ayuda de traductores. El gesto que hice se entendería perfectamente en el mundo islámico: «Tengo los oídos llenos, deja de hablar, no quiero oír más».

Mi mujer siempre me ha dicho que tengo tendencia a ser un gilipollas condescendiente. Basándome en eso, decidí dar lo mejor de mí, ya que me estaba cansando de estos profesionales que se suponía que debían curarme, no desanimarme. Cuando hice el gesto con la mano, se paró en seco. Me miraba como si yo fuera a ser un futuro artículo que iba a presentar.

Le sonreí y le dije:

—Odio repetirme, sobre todo cuando se trata de asuntos de importancia, pero por usted, que parece un tipo bastante decente, lo haré una vez más.

La enfermera Crigler estaba de pie a los pies de la cama, con su siempre agradable sonrisa, escuchándolo todo. En ese momento del intercambio, se tapó la boca con la mano derecha.

—Dos semanas antes de Acción de Gracias, me voy a casa. Eso significa que si ves mi culo arrastrando este portasueros, vestida con este codiciadísimo pijama del Walter Reed y la bata, caminando por la avenida Georgia, sabrás que faltan dos semanas para Acción de Gracias. No necesito ayuda psiquiátrica.

Miré a mi enfermera y continué:

—Lo que sí necesito es un Vanilla Boost de trescientas sesenta calorías porque pienso enseñarme a ponerme de pie otra vez, a partir de hoy.

—Si lo intentas, probablemente vomitarás.

—Bueno, los dos hemos ido a la universidad. Sospecho que no sería la primera vez para ninguno de los dos.

Mientras se iba, el teniente Crigler volvió con un Vanilla Boost. Tuve que pedirle que me lo abriera porque no tenía fuerza en las manos para hacerlo yo mismo. Sabía que ponerme de pie iba a ser un reto. Me dijo:

—Tienes que tener cuidado. Te vas a ganar la reputación de echar de esta habitación a la gente que intenta ayudarte.

Le contesté:

—Oh, no. Nunca echaría de aquí a nadie que intentara ayudarme. A los únicos que echaría de aquí es a los que quieren desanimarme o intentan retenerme aquí más tiempo del necesario. Dos semanas antes de Acción de Gracias.

—OK. Sabes, soy de Pennsylvania. Cuando crecí, siempre teníamos nuestros festivales de otoño.

Mientras hablaba, estaba doblando la sábana. Ahora me doy cuenta de que estaba tratando de distraerme. Tenía un catéter insertado en el tracto urinario. Era hora de que me lo quitaran.

El teniente Crigler me explicó las delicadezas de retirarlo. Como nunca me habían instalado uno, asentí y dije:

—Adelante.

Retiró el resto de la sábana, cogió mi pene con la mano izquierda, agarró el catéter con la derecha y lo sacó. Llevaba allí muchas semanas, y el cuerpo humano tiene tendencia a aferrarse a objetos extraños. Me lloraban los ojos. Hubiera preferido que me pegaran un tiro.

Me miró y me preguntó:

—¿Te ha dolido?

—Ha sido interesante. ¿Tiene morfina?

Unos diez minutos después llegó el cura. Se presentó como el padre Phillip. Recuerdo que pensé: «La historia no se repite, pero rima». Era un hombre amable que, como supe más tarde, me visitaba todos los días, incluso cuando yo no estaba consciente. De hecho, cuando estaba en la Unidad de Cuidados Intensivos y la mayoría del personal no creía que fuera a sobrevivir, él me dio la extremaunción. Mi mujer estaba sentada a mi lado y estaba demasiado horrorizada para decir nada. Si hubiera estado alerta, le habría dado las gracias, pero le expliqué:

—No necesito esto, me voy a casa.

Como el ejército había perdido mis placas de identificación en el puesto de socorro de Kabul, me tenían fichado como católico. Por lo tanto, en el ordenador del sacerdote figuraba como miembro de su rebaño. Incluso a sus setenta y tantos años, estaba tan lleno de vida y ánimo que resultaba inspirador. Cuando entraba en la habitación, todo brillaba con su presencia.

Al día siguiente vino a visitarnos en su ronda diaria.

—Acabo de enterarme de que no eres católico.

—¿Eso importa?

—No, pero ¿por qué no me lo dijiste?

—Por dos razones: primero, la mayor parte del tiempo estaba muerto, y segundo, teniendo en cuenta el estado en que me encuentro, pensé que me vendría bien toda la ayuda posible.

Se rió y dijo:

—Tienes toda la ayuda que necesitas. Sigue creyendo en Dios y en ti mismo, y todo irá bien.

Se dio la vuelta para marcharse y se detuvo ante la puerta.

—¿Quieres que la cierre o que la apuntale con un cubo de basura?

Me pregunté cómo lo sabía.

—Déjala abierta, por favor.

Me miró, sonrió y dijo:

—Tú decides.

—¿Vas a volver?

—Siempre estaré aquí.

Su voz era familiar. Tal vez era de algún lugar del largo y continuo sueño. No podía recordarlo. Lo que sí recuerdo es que su presencia era un gran consuelo.

Mientras yacía allí, estaba viendo la CNN informando sobre las secuelas del Katrina. No tenía ni idea de lo que había pasado. Estuve muerto durante todo el suceso, y mi primer pensamiento fue:

—¿Qué había pasado? ¿Alguien lanzó una bomba sobre la ciudad?

Soy de la sexta generación de Nueva Orleans, la primera en marcharse en décadas. Tanto mi madre como mi padre habían fallecido, así que no había razones de peso para volver. He intentado hacer una visita anual para inspeccionar la cripta familiar, asegurarme de que estaba limpia y disfrutar del sabor del Barrio Francés.

Después de oír a los reporteros de la CNN hablar de los saqueos y la devastación del Ninth Ward, de la incompetencia del gobierno local y estatal, no pude evitar pensar en mi padre. Una vez me dijo:

—La gente de Luisiana no quiere gobierno, quiere entretenimiento.

En esa misma conversación, me explicó que me repudiaría si alguna vez me presentaba a un cargo electivo en Luisiana.

Las noticias informaban constantemente sobre la miseria del Noveno Distrito. Los reporteros no paraban de hablar de los saqueos que se estaban produciendo. Yo sonreía y pensaba:

—No habrás visto saqueos hasta que aparezcan los cien mil millones de dólares de fondos federales.

Pensé en el Noveno Distrito. Imagínense la peor parte de cualquier ciudad de Estados Unidos. Hace veinticinco años, el Servicio Postal de Estados Unidos decidió que era demasiado peligroso entregar allí el correo. De hecho, los bomberos y los servicios de rescate no acudían sin escolta policial. Durante las labores de rescate, la gente se subía a los tejados de las casas y disparaba a los helicópteros de salvamento. El gobierno estadounidense alquiló más de mil autobuses para evacuar a los residentes del Ninth Ward y llevarlos a Houston, Little Rock, Memphis y otras ciudades. La tasa de criminalidad en todos esos destinos se disparó. Y el entretenimiento quiere que vuelva a ser una ciudad de chocolate. Una gran parte de su base de votantes había abandonado la ciudad.

Mi esposa vino de visita la noche siguiente. Me preguntó qué pensaba del Katrina. Le dije que tenía muchos pensamientos al respecto, pero para decirlo sucintamente:

—Dios acaba de tirar de la cadena de un inodoro gigantesco.

Me cogió la mano y me dijo:

—Hay mucha gente buena ahí abajo sufriendo. Creo que estás loco.

—Sí, lo estuve por un tiempo, se llama estar muerto.

—Aquí tienes unas cartas de tu hermana Betty enviadas desde su escuela en Denton, Texas.

Anne me dio un beso en la mejilla y se fue. Me quedé tumbado mirando al techo durante unos treinta minutos y abrí el paquete. Pensé en mis hermanas Betty, Mary, Melanie y Laurie.

La primera carta era una carta de presentación de Betty, profesora en una escuela donde la población era predominantemente negra e hispana de bajos ingresos. Betty era siempre optimista. Al leer la carta, me vino un torrente de recuerdos.

Betty es solo once meses mayor que yo. Recuerdo que una vez, en la mesa, cuando estaba en el instituto, mis padres nos animaron a conversar ampliamente sobre cualquier tema. Anuncié a la mesa que había tenido un accidente. Mi madre casi se atraganta con el postre, y mi estoico padre preguntó:

—**¿Qué te hace pensar eso?**

—¿Quién en su sano juicio querría estar embarazada dos años?

Mi padre se levantó, puso la servilleta sobre la mesa, miró a mi madre y dijo:

—Estaré en el estudio.

Volví a la carta. Al parecer, Betty y otra profesora que tiene un hermano en el Cuerpo de Marines destinado en Irak organizaron una campaña de envío de cartas para mí. Todo el sexto curso de ese colegio me escribió una carta. Fue maravilloso leer los pensamientos de aquellos niños que eran demasiado inocentes para comprender cómo funciona realmente el mundo. La carta de Betty era de lo más interesante, poniéndome al corriente de todas las novedades de la familia.

30 de septiembre de 2005

Querido Edmund

Fue hace poco más de cinco semanas cuando llamé a tu casa y hablé con tu hija. Allison me informó de que estabas muy enfermo. Llamé porque me habías prometido que llamarías al menos una vez cada dos semanas. No había tenido noticias tuyas desde entonces y estaba preocupada por ti. Desde entonces, Mary y yo hemos estado en contacto con Anne. Hemos mantenido una serie de llamadas telefónicas regulares. Nos alegra mucho saber que está mejorando. Mary y yo estábamos muy preocupadas por ti. Tengo tanto que decir que no sé por dónde empezar. Así que déjame empezar con algunas preguntas. . .

¿Qué ha ocurrido? ¿Enfermaste de repente o a lo largo de un tiempo? ¿Es posible que le envenenaran? ¿Antrax? No puedes imaginarte algunos de los escenarios que han pasado por mi cabeza. La revista *Time* hizo un gran artículo sobre Afganistán y el estado de drogas que es. Que incluso los miembros del gobierno de Karzai están en la toma. ¿Qué es lo que sabes?

Mary y Don la pasaron mal últimamente. El huracán Katrina dejó sin electricidad a DeRidder, y supuestamente tardarán una semana en repararlo. Mary y Don intentaron capear el temporal, pero cuando se fue la luz, hizo un calor y una humedad agobiantes. Como saben, Don tiene diabetes terminal, y la falta de un ambiente normal afectó a su salud, y empezó a hablar y a actuar de forma extraña. Mary lo llevó a casa de Patrick y más tarde tuvo que hospitalizarlo. Ahora está mejor. No hay daños en su casa, sólo muchas ramas caídas.

Mel, por otro lado, es su habitual egocéntrica. No supimos nada de ella durante dos semanas y no pudimos contactar con ella. Resulta que ella estaba a salvo en Baton Rouge todo el tiempo con Steve y simplemente no tenía ganas de hablar con nosotros, supongo. No importaba que estuviéramos preocupados por ella. Finalmente se puso en contacto con Mary. No creo que su casa en el Garden District se inundó, pero probablemente fue saqueado. No sabemos en este momento. Mel dice que va a vender su casa de N.O. por un millón de dólares y construir una en Baton Rouge. Dado que el título está a nombre de Larry, ya veremos. Como músico de jazz de gran éxito, dudo que quiera marcharse.

Y por supuesto, Laurie está incomunicada. Me siento un poco culpable cuando escribo que aquí ninguna noticia es una buena noticia. La última vez que Laurie llamó, acabó quedándose con nosotros, y al final nos costó casi 1.200 dólares conseguir que se marchara y volviera a Luisiana, donde, por supuesto, hizo caso omiso de todos nuestros consejos y empezó a vivir con los mismos traficantes de drogas con los que vivía antes. Incluso Laurie cree que va a tener un final violento en su vida. Qué horror.

Os envío algunas cartas de una de las clases de 6º curso de mi colegio. Algunas te harán partirte de risa. Somos una escuela de Título Uno, lo que significa que la mayoría de nuestros niños son pobres. Negros e hispanos, pero muy dulces. Siéntete libre de responder o no. Espero que te animen.

En cuanto a mí y Danny... Edmund, es el amor de mi vida. No sé por qué tuve que esperar tanto para encontrarlo. Tengo que terminar mi carta ahora, tengo otra clase.

Te quiero mucho,
Betty

Mi primer pensamiento después de leer la carta fue: *Gracias, Betty, por esa actualización edificante.* No puedo decirte lo que sé sobre Afganistán. Pensé en las amapolas de Afganistán y en mi hermana Laurie. Los de abajo descienden. Decidí que estaba feliz de estar viva y en otro lugar.

Mientras estaba tumbado viendo la CNN, Wolf Blitzer presentaba su programa, cuyo tema la cadena decidió que sería "El fin de los días». Se basaba en el concepto de que todas las catástrofes naturales, los tsunamis en el Pacífico, los huracanes en el Caribe y las catástrofes provocadas por el hombre, como el sida en África, estaban relacionadas de alguna manera. No sé si la frase la escribió él o algún becario de la CNN, pero a quien se le ocurrió esa premisa y escribió esa frase era un idiota. Recuerdo que pensé: Era el concepto y el título más absurdo jamás utilizado. A quien se le ocurrió no tiene ni idea de lo que significa "El fin de los días». Pensé en William Miller, un teólogo británico del siglo XVIII que predijo que el Apocalipsis ocurriría en 1846. Su conclusión se basaba en investigaciones matemáticas, astronómicas y metafísicas. Me administraron mi medicación nocturna y me dormí.

*Desacelere violentamente, aterrice, me pare en la arena y mire por encima del muro.*

A la mañana siguiente, aproximadamente una hora después de mi radiografía de tórax a las cinco y media, por fin me estaba quedando dormido cuando una voz atronadora atravesó la puerta.

—¡Hola! Soy el doctor McMillian. Probablemente no me recuerde, pero fui el que le hizo la biopsia pulmonar a cielo abierto cuando estaba en la UCI.

Era un hombre enorme, un cirujano cardio-torácico mayor del ejército. Tan grande que no creo que en Walter Reed tuvieran batas que le sirvieran. A su lado estaba otro médico, el doctor Messinger, un capitán del ejército y becario de TAC.

—Como resultado del procedimiento, su pulmón izquierdo se ha caído. Por eso quiero tenerlo en esta sala. Voy a llevar su caso.

Se dio la vuelta y se agachó para coger un par de guantes de un cajón. La parte superior de su uniforme se le cayó, dejando al descubierto la parte superior de la raja de su culo. Me recordó a Dan Aykroyd y Gilda Radner en un sketch de *Saturday Night Live*. La teniente Crigler, que estaba a los pies de la cama, se tapó la boca con la mano derecha, estableció contacto visual conmigo y ambos nos reímos en silencio.

—Nunca pudimos identificar cuál era el origen de la infección pulmonar. Probamos todos los antibióticos que se nos ocurrieron, los apropiados, pero sin resultado. Así que mis colegas y yo decidimos empezar un protocolo de esteroides. Detuvo el avance del deterioro, pero sus efectos harán que ese pulmón tenga más difícil recuperarse. Vamos a tener que hacer otra intervención.

Me pregunté: ¿cuánto va a durar todo esto?

Entonces apareció otro médico.

—Hola, soy el doctor Berry, de Medicina Pulmonar. ¿El doctor McMillian le ha explicado lo que queremos hacer?

—Sí, pero no los detalles de la operación.

—Bien, déjeme explicarle. No es exactamente una operación, más bien un procedimiento, pero hay ciertos riesgos.

Llegó el padre.

—¿Otro desafío, verdad?

Vino después de que se fueran los médicos.

—Bueno, si sigues creyendo en dos cosas, estarás bien.

Me preguntaba cómo sabía todo lo que estaba pasando. Me bendijo y, mientras se marchaba, se volvió hacia la puerta y dijo:

—Todo irá bien. ¿Quieres que te abra la puerta?

—Sí, por favor.

Me guiñó un ojo y dijo:

—Como quieras.

Se fue, y yo cogí otra carta.

Estimado Sr. Mason,

Voy a la Escuela Media Calhoun donde trabaja su hermana. Estoy en el sexto grado. Espero que se mejore pronto. Siento lo que pasó. Una vez fui al hospital, pero no me dio miedo, así que no te asustes. Mejórate.

Atentamente,
Gabriel C.

Dos médicos del ejército entraron en la habitación, me transfirieron a una camilla con ruedas y me llevaron rodando a la sala de operaciones del pabellón quirúrgico. Por el camino, los pasillos alternaban entre un frío intenso y un calor sofocante. Como arquitecto, pensé que el ingeniero del edificio tendría que equilibrar mejor el sistema de aire acondicionado. Pero, pensándolo bien, esas temperaturas reflejaban los cambios de pensamientos que tenía en ese momento.

El personal estaba preparado, y una doctora anestesista me examinó. La miré y le pregunté:

—Antes de empezar, ¿puede darme treinta segundos?

Me desperté en la unidad de recuperación quirúrgica con una sensación de quemazón extrema desde la axila izquierda hasta la muñeca. La enfermera me dio un inyector para que lo sostuviera en la mano y pulsara un botón con el pulgar si el dolor era demasiado intenso. Lo probé, pero fuera cual fuera el analgésico, no funcionó.

El único consuelo fue usar la mano derecha para sostener la izquierda sobre el pecho derecho. En esa posición, sentí unos objetos extraños con el codo izquierdo. Había tres tubos que salían de mi lado izquierdo. Llamé a la enfermera y le dije que el inyector no hacía nada para el dolor.

Volvió y me puso una inyección de morfina que me ayudó durante unos veinte minutos. En esa parte de la unidad, yo estaba en una fila de seis camas. Me dijeron que iba a pasar la noche allí.

El soldado de la sexta cama, a mi izquierda, tenía a su mujer con él. Se quedó toda la noche haciendo lo único que podía hacer: estar allí y animarlo.

—Johnny. Vamos, Johnny, no saques eso. Vamos, Johnny.

Me di cuenta de que estaba llorando. Me quedé tumbado escuchando ese cántico toda la noche, con el brazo ardiendo. Johnny estaba allí, justo detrás de mí, luchando. Luchando contra sus demonios. Negándose a abandonar.

Decidí que hay tres direcciones del alma. Primero, están las almas que no quieren irse. Lo que las hace volver es pura fuerza de voluntad. No están listas para irse y están dispuestas a soportar cualquier cosa para estar en casa.

—Vamos, Johnny, cógeme de la mano.

En segundo lugar, hay almas que quieren ir. Son almas que han tenido una existencia miserable, tal vez un cáncer horrible, o son muy viejas y no tienen a nadie con quien volver.

—Aguanta, Johnny, no tires de eso. Quédate quieto, por favor, Johnny.

En tercer lugar, están las almas que no tienen elección. Almas que se encontraron con una muerte catastrófica y volver es imposible.

Me pregunté si Johnny estaba detrás de mí durante mi viaje, o en paralelo con una experiencia muy diferente. Pensé que tal vez ambas cosas.

—Vamos, Johnny, estarás bien.

Estaba sollozando.

El sol estaba saliendo. Miré a mi derecha y vi a una enfermera sonriendo.

—¿Qué tal la noche?

La morfina que la enfermera me acababa de administrar había hecho efecto.

—Un gemido largo y fuerte.

—¡Bien! —sonrió, aunque parecía perpleja—. Use el botón de llamada si necesita algo.

Cinco minutos después, hubo un alboroto en la línea. Las cortinas de privacidad se corrieron completamente a nuestro alrededor y todo quedó en un silencio sepulcral.

Unas horas más tarde, mientras me trasladaban de nuevo a mi habitación en la sala de TAC, le pregunté a la enfermera:

—¿Cómo está Johnny?

—¿Se refiere al teniente Enswim? Murió esta mañana por las heridas en la cabeza que recibió en Afganistán.

—¿Cómo se escribe el apellido?

—E, N, S, W, I, N. Usted estaba allí. ¿Lo conocía?

—No, pero sé de él.

Pensé: realmente existió. Siempre creí que era una de las creaciones de Stewart. No me extraña que no estuviera en las listas de personal. Probablemente trabajaba para Stewart. Dios lo bendiga. Alimentó a muchos niños.

Cuando volví a la sala de TAC, mi esposa vino a visitarme con mi querida hija. No había visto a Allison en meses. Iba a ser un placer. Tenía quince años y teníamos muchos buenos recuerdos. Recordé las veces que estuve sentado en un café en Italia enseñándole formas, números y el abecedario, bailando con ella en Budapest en Nochevieja cuando tenía tres años, tumbado boca arriba, cogido de la mano mientras ella saltaba sobre mi pecho recitando:

—¡Sube, papá!

Cuando volvía de una fuerte dosis de sedantes, miré y vi a Anne y Allison. Anne me besó en la mejilla. Giré la cabeza hacia la izquierda y miré a Allison. Era la primera vez que la veía desde que fui a Afganistán.

Se me heló la sangre. En cuanto la vi, pensé:

—Sigue en ello. Está entrando por la puerta trasera.

Su cabello castaño, antes hermoso, estaba teñido de negro. Tenía tres tachuelas en cada lóbulo de la oreja. Llevaba rímel negro y las uñas pintadas de negro. Mientras la miraba de arriba abajo, me sentía cada vez más horrorizado. Llevaba una camiseta con el logotipo de un grupo de heavy metal sobre la muerte, impreso encima del logo de la parca.

Para completar el conjunto, llevaba un cinturón de cuero negro de dos pulgadas y media con tachuelas metálicas, y unos pantalones negros con grandes cremalleras en muslos y pantorrillas.

Una vez más pensé:

—Sigue echando la red, soltando esos gusanos tan guapos en busca de los que se alimentan por debajo.

Aunque no podía hablar muy alto, exploté:

—¿Qué demonios es esto? No tienes ni idea de a lo que estás descendiendo.

Miré a mi mujer y le pregunté:

—¿Qué has permitido?

No estaba así cuando me fui. Los dos no lo entienden. Está con todos nosotros constantemente.

Anne miró a Allison y dijo:

—Acaba de salir de la anestesia.

Por fin estaba despertando.

# 16

Durante semanas estuve tumbado con tres mangueras insertadas en mi costado izquierdo, conectadas a tres bombas de succión que alternaban cada día entre el sellado con agua y la succión. Lo único que podía hacer era permanecer quieto.

No podía tumbarme sobre el costado izquierdo porque tenía las tres mangueras clavadas. No podía tumbarme a la derecha porque los tubos no tenían suficiente longitud. Así que lo único que me quedaba era tumbarme boca arriba y mirar la CNN.

Me convertí en un experto analizando anuncios.

—¡Pero espere! ¡Pídalo ahora y obtendrá una bolsa de enema adicional gratis! ¡Una oferta de doscientos dólares por sólo nueve dólares con noventa y nueve centavos!

Concluí que ese lanzamiento publicitario significaba: nadie quiere comprar esta mierda y queremos deshacernos de ella.

La segunda frase, que me pareció muy divertida, aparece en todos los anuncios televisivos de medicamentos:

—¡Consulte con su médico y vea si esto es adecuado para usted!

No importaba si sufrías el abecedario completo de problemas médicos: Alzheimer, betabloqueantes, cáncer, diabetes, disfunción eréctil, etc.

Decidí que lo mejor sería que, cuando fueras al médico, en lugar de recomendarte una cura que viste en la tele, le explicaras tu problema y dejaras que él o ella decidiera lo que necesitabas.

Mientras estaba allí, tumbado y aburrido como una ostra, volví a mi paquete de correo.

Estimado Sr. Mason,

Soy un estudiante de sexto grado en Calhoun Middle School donde su hermana enseña. Por favor, recupérese pronto. Todo el mundo está escribiendo una carta, y yo no soy buena escribiendo (mecanografiando) cartas, pero lo intentaré. Tu familia está preocupada y espero que te recuperes. No pierdas la esperanza. Eres importante para tu familia. Debes ser valiente. Recupérate pronto para poder salvar a la gente. Tu trabajo es importante. No sé qué más escribir.

Atentamente,
Oscar P.

Un médico del ejército empujó un carrito a través de la puerta.

—Tengo que tomarle las constantes vitales, señor. ¿Me permite su brazo izquierdo?

Me puso un tensiómetro en el brazo, un termómetro en la boca y una pinza en el dedo corazón.

Le pregunté:

—¿Esto es realmente necesario?

—Órdenes del médico. Cada cuatro horas.

—Teniendo en cuenta que ya he estado muerto antes, ¿cree que voy a volver a morir antes de que usted vuelva en las próximas cuatro horas?

—No lo sé. Sólo sigo las órdenes del médico.

—¿Vas a hacer esto toda la noche?

Estaba escribiendo sus conclusiones en un bloc de notas.

—Sí. Como un tren. Tengo que cumplir el horario y asegurarme de que estás viva.

—¿Qué pasa si no lo estoy?

—Entonces no tendré que hacer esto cada cuatro horas.

Cuando se fue, seguí leyendo mi paquete de cartas de las aulas de 6º curso.

Querido Sr. Mason,

Soy una alumna de 6º grado de la Escuela Media Calhoun. Siento mucho que esté enfermo. Espero que se mejore pronto y averigüe qué le pasa. Pero no se rinda todavía. Mantén la cabeza alta y sigue haciendo lo que estás haciendo. Mi tío es militar y su mujer y su hijo están tan asustados como yo. Así que espero que tu mujer y tu hija estén bien. Espero que te mejores pronto.

Atentamente,
Savannah R.

Llegó un nuevo y joven capitán.

—Soy la Dra. Washington… Servicios Psiquiátricos.

Pensé, qué apropiado.

—Estoy haciendo mis rondas y pensé en pasar a ver cómo le iba.

Para divertirme un poco, le contesté:

—Me iría mucho mejor si ese espejo sobre el lavabo dejara de mirarme.

Me miró estupefacto.

—Tengo entendido que estuviste en Afganistán…

—Todavía lo estoy.

Laura Crigler empezó a sonreír. Sabía lo que iba a hacer.

—DE ACUERDO.

Hizo una pausa, estudiándome atentamente.

—¿Qué haces allí?

—Soy becario del Centro Matemático Afgano para la Investigación Metafísica y director de Logística de la Compañía Superior de Transporte Humano de Kabul.

Laura se tapó la boca con la mano y salió corriendo de la habitación.

Cuando se marchó con cara de perplejidad, la teniente Crigler volvió con su sempiterna sonrisa.

—Te das cuenta de que cuando haces eso lo único que haces es animarles a que vuelvan.

—Por supuesto. A veces necesito un descanso de la CNN.

Al día siguiente volvió el psiquiatra; con él iban dos psiquiatras superiores. Uno era coronel de las Fuerzas Aéreas.

Me preguntó si sabía dónde estaba.

Miré a la enfermera Crigler. Ella puso los ojos en blanco y yo le contesté:

—Claro que lo sé. Estás donde has estado.

Los tres me miraron atentamente. La teniente Crigler sonreía.

Me estaba empezando a fastidiar este desfile constante de psiquiatras, así que continué:

—¿Creéis que tal vez podríamos reunir un "Grupo" para poder discutir dónde estamos? Sería una situación en la que todos saldríamos ganando, como dicen en esta ciudad. Podrías tomarte medio día libre, tres veces por semana, y explicar a tu personal: "Tengo Grupo". Eso me permitiría largarme de esta sala y de esta mierda de gente que se cree intelectual.

En ese momento, Laura perdió el control. Todos la estaban mirando.

—Un momento… aquí viene un anuncio que no he visto antes. Quiero ver si algo me conviene.

A la mañana siguiente, estaba tumbada en la cama viendo las habituales noticias por cable cuando llegó la enfermera Crigler.

—Ayer fueron muy groseros. Dudo que vuelvan.

—Lo sé. Ese era el plan.

—Deberías disculparte.

—La próxima vez que estén en la sala, arrástralos hasta aquí y lo haré. Me doy cuenta de que todos aquí están tratando de ayudarme, pero no estoy loco.

—Entonces, ¿cómo ayudó lo de ayer?

—Menos manos, un paso más cerca de salir por la puerta.

—Es interesante que menciones eso. Hemos decidido que vas a caminar.

Lo dijo como si ya estuviera decidido. El sacerdote estaba de pie detrás de ella.

El padre dijo:

—Puedes hacerlo. Has luchado mucho para llegar hasta aquí. Recuerda las dos cosas.

Los miré como si estuvieran locos. No podía sentarme.

—Dame la mano. Empieza por sentarte.

La enfermera Crigler fue directa. Extendí la mano izquierda, ella la agarró y tiró de mí hasta sentarme.

—Practica eso y, cuando le cojas el truco, intenta girarte de lado y dejar caer las piernas sobre el lateral de la cama. Mantén el botón de llamada en la mano por si te caes.

Me recosté y pensé:

—Esto no va a ser fácil. Va a ser pura voluntad.

Recogí el paquete de cartas de la mesa junto a mi cama.

Querido señor Mason,

Mi nombre es Gwi. Me alegro mucho de que esté ayudando a esa gente. Me pregunto qué le causó la enfermedad. Creo que fue el calor o el agua. ¿Cuántos años cree que tardarán en reconstruirlo todo? Bueno, fue un placer escribirle. Muchas gracias.

Sinceramente,
Gwi

*¿Reconstruirlo todo? ¿Está preguntando por Afganistán o por mí?* Ambos estamos en las mismas condiciones. Mientras estaba tumbado en sin poder andar, pensaba en lo que iba a diseñar para mi casa en caso de que tuviera que volver a casa en silla de ruedas. Dejé atrás esos pensamientos negativos y cogí la siguiente carta. Era el mensaje adecuado en el momento oportuno.

Estimado Sr. Mason,

Soy una alumna de sexto grado de la Escuela Media Calhoun, donde enseña su hermana. Espero que se mejore pronto para que pueda ir a ver a su familia. Si yo estuviera en su lugar, me estaría preguntando cómo me enfermé en la casa segura y también estaría pensando si voy a sobrevivir o no. También estaría pensando, si sobrevivo, ¿entonces cómo tendré que vivir? Bueno, espero que sobrevivas.

Atentamente,
Irene N.

Durante horas y días, practiqué cómo sentarme. Cuando por fin le cogí el truco, decidí probar a dejar caer las piernas por el costado de la cama. Se me dio bastante bien.

Unos días más tarde, una enfermera encantadora que me había atendido al principio de mi estancia en Walter Reed entró en la habitación. No recordaba su nombre, pero sí su optimismo constante. Me vio sentada al lado de la cama y se detuvo en seco. Su sonrisa era eléctrica.

Se acercó, se puso entre mis piernas, me pasó las manos por debajo de las axilas y me dijo:

—A ver si te puedes levantar sola.

Me levantó de la cama. Mis pies tocaron el suelo y tuve que abrazarla para no caerme. Ella se rió y dijo:

—¡Mírate! ¡Estás de pie!

Era tan alta como yo y sentí sus pechos apretados contra mi pecho. Recuerdo que el abrazo fue tan maravilloso que sonreí y le pregunté:

—¿Quieres ir a bailar cuando bajes?

—Bailar toda la noche...

Después de mucho practicar, descubrí que si me sentaba, volteaba las piernas por el costado de la cama, colocaba las palmas de las manos en el lateral y me deslizaba, podía pararme sola. Lo hacía dos veces al día y, mientras estaba de pie, practicaba ponerme de puntillas, de diez en diez, durante unos treinta minutos. Se me dio bastante bien. Lo difícil era volver a subir a la cama. El esfuerzo era como subir a una balsa salvavidas en el océano.

Aprender a andar de nuevo fue de las partes más duras de todo el proceso. Fue como ver a un niño dar dos pasos inseguros y caerse de culo.

Tenía tres tubos saliendo de mi costado izquierdo conectados a bombas de succión que alternaban entre "succión" y lo que llamaban "sello de agua". Por eso, tenía que planificar cuándo quería intentar caminar. Los médicos del ejército entraban en mi habitación, desconectaban los tubos de la máquina fija, los conectaban a máquinas portátiles y ataban los dispositivos a un poste de suero con ruedas.

La primera vez que lo intenté usé un andador, como los que se ven en residencias de ancianos. Lo necesitaba para apoyarme y mantener el equilibrio. La enfermera estaba a mi lado, tirando de la pértiga, y un médico del ejército iba detrás, empujando una silla de ruedas por si me quedaba sin fuerzas.

En ese primer intento, llegué a unos treinta metros de mi habitación. Alcancé los ascensores y tuve que sentarme. Mientras retrocedíamos, miré la cara sonriente de mi enfermera y le dije:

—Lo bueno de esta aventura es que, si alguna vez se incendia este sitio, podré salir por mi propio pie.

Ella sonrió y dijo:

—No deberías usar el ascensor en un incendio.

—Lo sé, pero las escaleras están justo al lado.

—El fisioterapeuta no te ha puesto a trabajar en las escaleras.

—Lo sé. Me deslizaría de culo si tuviera que hacerlo.

Mientras me llevaban de vuelta a mi habitación, con un médico del ejército tirando del poste de suero, la enfermera Crigler retomó la conversación.

Sonrió con suficiencia y dijo:

—Parece que lo tienes todo planeado.

—No, no lo tengo todo planeado. Sólo sé que voy a sobrevivir a esto. Estoy deseando hacerlo.

Mientras rodábamos, se inclinó y me acarició suavemente la barbilla con la mano derecha. Había un aroma a jazmín. Me dedicó una sonrisa familiar y dijo:

—Apuesto a que lo harás.

Decidí que aquellos ascensores iban a ser mis puntos de **referencia para progresar. Estaba volando una milla por** delante de mí mismo.

—Si alguna vez pasa algo, centra tus esfuerzos en la gente que necesita ayuda. En caso de emergencia, no te preocupes por mí. Sobreviviré.

Cuando regresé a mi habitación y me tumbé en la cama, volví a mis cartas.

Querido Sr. Mason,

Soy una estudiante de sexto grado, y sólo quiero decirle que creo en usted. La señorita Storrie nos ha hablado mucho de usted, y parece un buen chico. Y también quiero decirte que te llevamos todos en el corazón, y que Dios te ama. Espero verte pronto.

Atentamente,<br>
Carion L.<br>
P.D., que Dios te bendiga.

Al día siguiente pasé por los ascensores. El diseño del hospital era como una cuadrícula de manzanas en una ciudad, y decidí que iba a dar una vuelta a la manzana entera.

Con mucho entusiasmo, marqué un ritmo demasiado rápido y pronto me di cuenta de que me costaba respirar. Me apoyaba en el andador con todas mis fuerzas. Me negué a sentarme en la silla de ruedas que había detrás de mí y, con mucho esfuerzo, conseguí dar la vuelta a la manzana y volver a mi habitación.

Me metí en la cama y pedí oxígeno a la enfermera. Mientras estaba tumbado, respirando profundamente, apareció en la televisión un anuncio de la "Scooter Store". Pero estaba decidida a no aceptarlo. Tenía una voluntad férrea de caminar, y me prometí que lo lograría dos semanas antes de Acción de Gracias.

Allí, tumbado, con un tubo de plástico transparente que tenía dos salidas metidas en cada fosa nasal, me invadía un pensamiento persistente: no iba a volver a ser como antes.

Entonces pensaba en ese médico gilipollas y me recordaba a mí mismo: dos semanas. "Mi voluntad es mayor que la tuya." No te rindas.

Leí otra carta de la escuela.

Estimado Sr. Mason,

Soy un alumno de 6º curso de la Escuela Media Calhoun, donde enseña tu hermana. Verás, mi deporte es el fútbol, y mi único miedo es romperme la pierna para siempre. Deseo que te curen. Todos aquí esperan que te mejores pronto, incluso tu familia también. Ves, mi vida es dura porque la escuela, pero hago mi trabajo para ser bueno. Una promesa es una promesa, tienes que hacer tu trabajo.

Atentamente,
Anthony P.

Mirando al techo, pensé: «*Faltan dos semanas para Acción de Gracias*». Después de leer eso, decidí que era hora de hacer un horario para practicar la marcha. Sólo esperaba no romperme una pierna para siempre. Una promesa es una promesa.

—Hola. Todavía estás aquí —dijo el joven psiquiatra al entrar en la habitación. Admiré su persistencia.

—No, no estoy, y tú tampoco.

—Interesante. Mi enfoque, mi técnica de asesoramiento es usar la lógica.

—Es un terreno resbaladizo. Por ejemplo, usando la lógica, puedo demostrar que no estás aquí.

—Inténtalo.

—OK. Hay un antiguo método griego para encontrar la verdad solo haciendo preguntas.

—Sé a quién te refieres.

Laura puso los ojos en blanco y dijo:

—Espera un momento. Tengo que conseguir un testigo.

Salió al pasillo y atrapó a la primera persona disponible: el Dr. Berry, que había asistido a mis operaciones. Era un becario de neumología y conocía desde hace tiempo a los otros médicos de psiquiatría. Tenía una sonrisa en la cara. La enfermera le explicó que iba a demostrar que el psiquiatra no estaba allí. Parecía que mantenían una amable diferencia profesional.

Seguí con mis preguntas:

—¿Estás en Londres?

—No.

—¿En Roma?

—No.

—¿En París?

—No.

—Bueno, si no estás en ninguno de esos lugares, entonces tienes que estar en otro sitio, ¿no?

—Correcto.

—Y si estás en otro sitio, no puedes estar aquí.

El médico pulmonar soltó una carcajada y salió de la habitación.

El capitán esbozó una gran sonrisa y dijo:

—Voy a anotar que estás lleno de mierda y certificadamente cuerdo.

—Si te lo hubiera dicho al principio, ¿me habrías creído?

—No, pero solo por el valor del entretenimiento, volveré.

—Por favor, hazlo. Sería un buen descanso de la CNN... ¡Mira! Otro anuncio de Right for You. Es nuevo. Mis favoritos también son las sillas eléctricas Scooter Round. Ves a la gente que las usa, tan condenadamente gorda, que si se levantaran y empezaran a andar, no las necesitarían.

Mirando atrás, creo que una parte de Ralph se me pegó.

Al día siguiente, estaba tumbado viendo la CNN cuando salió todo el asunto de "Scooter" Libby. Me hizo gracia. El Dr. Berry entró, me vio viendo la CNN y preguntó:

—Usted ha estado allí, ¿qué opina?

Me pregunté si realmente sabía lo que hacía en esa parte del mundo.

—He estado reflexionando mucho. ¿Tienes cigarros?

—No.

—¿Qué clase de agente encubierto de la CIA entra cada día por la puerta principal del cuartel general de la CIA? Ella es tan secreta como Bob's Big Boy. ¿Qué clase de identidad secreta tienes cuando permites que te fotografíen en un coche deportivo rojo y que tu cara sonriente aparezca en la portada de una revista nacional? No era oficial de casos, y ella y su marido son animales políticos chupando de una de las tetas de Washington. Lástima que la prensa se trague esta mierda y se la dé de comer al público americano.

Pensaba en tipos como Stewart, recorriendo las sucias calles de Afganistán con un burka y una pistola, arriesgando su vida y evitando la publicidad para hacer su trabajo.

—La gran historia debería ser: si una mujer rubia caucásica puede trabajar encubiertamente como oficial de casos en Oriente Medio, América Central y del Sur o Asia, sin llamar la atención, sería una hazaña asombrosa. Y ahora, una facción de esta ciudad va a arruinar la carrera de un hombre porque no les gusta su estúpido apodo y para quién trabaja.

Me fui por una tangente.

—Cuando era pequeño, todas mis hermanas me llamaban "Bubba". Cuando cumplí seis años, mi madre anunció en la cena a mis cuatro hermanas que me iba a llamar "Edmund" y que ya no iba a llevar pantalones cortos. Pensé: si conservas un apodo de la infancia como "Scooter" y quieres tratar a ese nivel, te expones al escrutinio.

Al mismo tiempo, pensé:

—Todo este asunto está organizado por izquierdistas cabreados porque Bush fue elegido dos veces. Cuando Clinton estaba en el cargo, estaban haciendo grandes progresos en la aplicación de su agenda. Las mamadas ya no eran sexo, sino caricias pesadas. El día a día en la Casa Blanca era una fiesta constante de pizza en vaqueros. Jimmy Buffet escribió una vez una canción titulada "Gitanos en el Palacio".

Así que, volviendo a tu pregunta original: envía a su marido a África para reunirse con un dictador que es básicamente un cavernícola y no sabe una mierda de física nuclear, y se sientan a tomar el té asegurándole que no hubo transferencia de ese tipo de material o tecnología a Irak. Todo el montón de mierda sobre la ausencia de armas de destrucción masiva en Irak antes de la invasión es solo eso: un montón de mierda.

Por supuesto que las había. El problema es que no se pueden encontrar porque están en otra parte.

—Interesantes observaciones. ¿Tienes alguna molestia?

—Sí. De todas direcciones.

## 18

—Hola. Soy el doctor Messinger, esclavo del doctor McMillian. Me haré cargo de su caso por un tiempo.

El teniente Crigler estaba de pie a los pies de la cama. Se volvió hacia el lavabo y empezó a lavarse las manos.

—¿Dónde está el doctor McMillian?

—Está en una conferencia científica en San Antonio, comiendo comida mexicana y pensando en ti.

—Bueno, es una persona cariñosa. Estoy segura de que estará en su mente cuando esté sentado en el River Walk, bebiendo una margarita y mojando sus tortillas en el guacamole.

—Acabo de enterarme de que eres episcopal —dijo entrecerrando los ojos con una sonrisa—. Sé todo sobre vosotros. Fui a un instituto episcopal y a uno jesuita. Lo que descubrí es que la Iglesia Episcopal es pura pompa y la mitad culpa.

Nunca había oído comparar la religión con una cerveza light, pero tenía razón.

—Cuando llegues, habla con Enrique VIII, si lo encuentras.

De repente, Ralph entró por la puerta. Llevaba pantalones de cuadros azules estilo setentero, una camisa blanca de satén y una corbata verde con el logo de alguna familia irlandesa. Lo que más destacaba eran sus zapatos de bolos rojos y blancos, talla nueve, que probablemente había robado en una bolera el día anterior. Sabía la talla porque los números de cuero blanco estaban cosidos en los talones.

—Oí que estabas enfermo, así que pensé que ya que estaba por aquí, te haría una visita. Maldición, te ves hecho mierda.

—Gracias por tu observación, Ralph. Menos mal que no te dedicaste a la medicina.

El doctor Messinger trataba de no reírse. Dio la espalda, apoyó la mano en la pared y soltó una carcajada contenida.

—Entonces, ¿qué haces aquí atrás?

—Trabajo como analista de presupuestos para el puto Cuerpo de Paz.

—Bueno, es bueno que estés en un puesto donde no tengas que llevar pistola.

—Claro que la llevo. Esto es Washington, D.C. Está en el coche. No me pareció educado traerla al hospital.

En ese momento pensé que el doctor Messinger iba a mojar los pantalones. La enfermera Crigler se tapó la boca con la mano derecha.

Justo entonces, una joven capitana fisioterapeuta entró con un montón de gomas elásticas de unas veinticuatro pulgadas de largo y una pulgada de ancho. Había quedado con ella ese mismo día. Me explicó que servían para hacer ejercicio tumbado en la cama, atándolas a las barandillas para hacer ejercicios de resistencia. Ralph las miraba atento. Finalmente preguntó:

—¿Tienes más de esas cosas? Serían geniales para pegarle a la gente en el trasero. Sería mi forma de salirme de la caja.

El capitán miró asombrado a Ralph y preguntó:

—¿Eres un paciente psiquiátrico? ¿En qué pabellón estás?

—En el puto Cuerpo de Paz.

De nuevo, la enfermera Crigler se tapó la boca y el doctor Messinger, apoyado en la pared, estalló en carcajadas.

—No soy médico, pero hice ese diagnóstico hace mucho tiempo —le dije.

—Oye, tengo que volver al trabajo. Estoy elaborando un plan para extorsionar todo el dinero posible al pueblo estadounidense. La idea es: cuanto más dinero consigamos, más tiempo tendremos para viajar, sentarnos y autorrealizarnos. Repartir unos cuantos condones, decir que estamos haciendo un esfuerzo, emocionarnos y explicar que lo que hacemos es importante.

Me sonrió satisfecho y continuó:

—Está en perfecta consonancia con el estilo de vida y la visión de John F. Kennedy. Camelot era pura mierda. Volveré a pasar por aquí. Espero que la próxima vez que te vea no estés hecho mierda.

Sacó un paquete de Lucky Strike, sacó un cigarrillo y empezó a encenderlo.

El teniente Crigler gritó:

—¡No enciendas eso! Aquí hay oxígeno.

Ralph respondió:

—Tienes razón. El hombre ha explotado una vez. Dos veces probablemente lo matarían.

—Gracias por venir, Ralph.

Se fue, y pensé que su vida estaba llena de suerte. Eventualmente, los gases explosivos combinados con Lucky Strikes serían su muerte.

—Buenos días. Soy el capitán Culpepper, el capellán de guardia.

Se parecía al tipo que solía correr diez millas al día alrededor de nuestra oficina en Kabul. Lo llamábamos el "segundón". Parecía un joven ministro entusiasta decidido a salvar almas. Miré la cruz que llevaba en el bolsillo izquierdo del pecho.

—¿De qué confesión eres?

—Evangélico. Estoy haciendo la ronda y me dijeron que le vendría bien un poco de asesoramiento espiritual. Todos somos pecadores. La mejor manera de arrepentirse es explorar las preguntas que confunden nuestras vidas y admitir nuestros errores. Hay muchas preguntas sobre la vida y muchos errores que hemos cometido. ¿Cuáles son los tuyos?

No tenía intención de contarle detalles de mi vida a alguien que no conocía. Aquellos psiquiatras le pusieron a ello.

—De lo que estás hablando es de implosión.

—No lo entiendo.

—Yo sí.

Para hacerlo divertido, continué:

—Como miembro de la Iglesia copta, ¿sabía que Juan el Bautista está enterrado en Egipto sin su brazo derecho, del codo para abajo? Los restos están en una caja dorada en la sala de los tesoros del palacio de Topkapi, sede del Imperio Otomano en Estambul.

—No, no lo sabía. ¿Cómo lo sabe? Por cierto, no soy miembro de la Iglesia copta.

—¿Cómo puede alguien saber algo con certeza? Sin pruebas, solo tienes que creer que es verdad. He visto el brazo, pero no el cuerpo. Además, un comerciante de un bazar en Estambul que intentaba venderme un tintero me aseguró que estaba enterrado en Egipto. Esto podría dar lugar a una conversación mucho más larga. El propósito del desmembramiento en la cultura islámica, por ejemplo.

Volviendo a tus preguntas, solo tengo una sobre mi vida.

Empecé a hacer girar un lápiz entre los dedos y le pregunté al techo:

—¿Por qué cada vez que estoy sentado en el retrete fumándome un cigarrillo es el único momento en que alguien me llama por teléfono? El mayor error que he cometido es no haber instalado un teléfono justo al lado del retrete.

Se quedó boquiabierto. La enfermera Crigler se tapó la boca con la mano y salió corriendo de la habitación riendo.

Me dieron el alta dos semanas antes de Acción de Gracias. Recuerdo que estaba en mi habitación, con el pelo limpio, recién afeitado y vestido con ropa normal, mirando por la ventana. Estaba gris y llovía, y pensé en las enseñanzas islámicas: los ángeles descienden con cada gota de lluvia.

Me maravillé de la extraordinaria experiencia vital que había vivido.

Todo lo que tenía que hacer era conseguir los papeles del alta y coordinarlos con el médico de medicina pulmonar. Anne llegó para ayudarme a recoger mis cosas y llevarme a casa.

El doctor Messinger entró con el papeleo y las recetas necesarias. Como me iban a dar el alta con tres tubos saliendo del lado izquierdo del torso, de diez centímetros y conectados a pequeños recipientes de plástico, me explicó los medicamentos y el calendario para retirar los tubos.

Cuando terminó, nos dimos la mano y le agradecí todo lo que había hecho por mí.

Antes de irse, le pregunté si sabía dónde estaba Laura Crigler. Quería darle las gracias también. Iba a echar de menos su sonrisa familiar y la fragancia del jazmín.

—No lo sé. La reasignaron ayer.

—¿Alguna idea de a qué servicio?

—No. Este hospital es demasiado grande.

Mirando fijamente la lluvia, pensé en algún lugar de mi pasado. Leí: *"Los ángeles son una señal de la presencia de Dios."*

Anne y yo salimos despacio de la sala. Ella me sujetaba suavemente del codo porque mi equilibrio no era normal. Nos dirigimos hacia la zona de servicios pulmonares y nos reunimos con el doctor Berry.

Nos hizo un examen breve y firmó la documentación necesaria. Con una sonrisa amplia, me dijo:

—Síganme, quiero que conozcan a alguien.

Caminamos por el pasillo, doblamos una esquina y nos detuvimos frente a un despacho con la puerta abierta.

El cartel decía: *Director del Programa Pulmonar.*

El doctor Berry llamó a la puerta, sonrió y dijo:

—Coronel, faltan dos semanas para Acción de Gracias.

Al salir del hospital, mi mujer, que seguía sujetándome del codo, me senté en un banco frente a la entrada principal y me dijo:

—Espera aquí, voy a por el coche.

Se fue, y unos diez segundos después, me sorprendió ver aparecer a la doctora Annie Bocquiat. Me dio un fuerte abrazo y una sonrisa, y me preguntó:

—¿Cómo te encuentras?

—Cada día mejor. ¿Qué haces aquí?

—Estoy en la ciudad para una conferencia y decidí pasar a ver a viejos amigos. Quise visitarte, pero me dijeron que ya te habías ido.

Anne paró el coche y bajó para ayudarme. Me preguntó:

—¿Por qué hablas solo?

Miré hacia donde estaba la doctora Bocquiat, pero ya no estaba.

—Estoy hablando con las gotas de lluvia.

—¿Quieres volver dentro?

—No, quiero irme a casa.

En enero tenía una cita de seguimiento con el doctor Berry. Me recibió en la sala de espera y me acompañó a su consulta. Me quité la camiseta y, mientras me examinaba, me dijo:

—He investigado mucho sobre su enfermedad. Tu caso se está presentando en conferencias científicas por todo el país.

—¿Por qué?

—Bueno, investigué un poco y descubrí que ha habido catorce casos como el suyo que regresaron de Afganistán e Irak. Doce murieron a los treinta días. Tenemos uno que llegó hace una semana y está en la UCI. Sigue en pie.

—Espero que lo consiga. Dile que todo es cuestión de una combinación de tus habilidades y su voluntad. Puede parecer que está fuera de sí, pero puede oírte. Vamos, amigo, no renunciaremos si tú no renuncias.

Después de salir de su despacho, decidí pasar por la sala de TAC para saludar a la gente que había sido tan amable conmigo. Caminaba por los largos pasillos del hospital donde tanto me costó volver a aprender a andar.

Doblé una esquina cerca de la Unidad de Cuidados Intensivos y me encontré con dos enfermeras vestidas con batas blancas.

—¡Dios mío! Estás vivo —exclamó una de ellas.

—Sí, lo estoy.

Miré a las dos enfermeras, que parecían agotadas, y me pregunté quiénes serían.

—Lo siento, pero no sé quiénes son ustedes.

Ambas esbozaron enormes sonrisas. La enfermera de la derecha dijo:

—Te cuidamos en la UCI. Ninguna de nosotras pensaba que fueras a sobrevivir. Es maravilloso verte de pie y caminando. Nunca habría imaginado que fueras tan alto.

La enfermera de la izquierda preguntó:

—Bienvenida... ¿puedo hacerte una pregunta personal?

—Claro, después de lo que he pasado, el pudor ha desaparecido.

—¿Qué pasa con las rosas?

La pregunta me sobresaltó. Pensé: *"Ella no puede saber eso... Mi padre solía hablar de las rosas de mi madre, las rosas de Italia, las rosas de Arizona, las rosas de Maryland o las rosas de Kabul."*

—¿De qué estás hablando?

—Cuando estabas en la UCI y todo parecía grave, el cura te administró la extremaunción, tu mujer estaba sentada a tu lado. Sabíamos que era episcopaliana. Miraba los monitores y se daba cuenta de lo que pasaba. Un par de veces te sacudió suavemente el brazo y te dijo: "Vamos, Ed, es hora de ser una rosa".

Pensé en la estación de tren de Liubliana. Recordé a Anne en el andén, con mi hija en brazos, gritando mientras el tren partía:

—¡Te llamaré cuando crea que estás en casa!

—Se trata de una semilla plantada hace muchos años.

Salí del hospital, entré en el aparcamiento y emprendí el largo camino de vuelta a casa.

Tuve tiempo para pensar en todo lo ocurrido el último año.

Después de aparcar en la entrada, me dirigí al patio trasero y, apoyado en un bastón que sostenía con la mano izquierda, observé mi jardín de rosas.

Recordé a mi madre, sus rosas y una conversación que tuvimos cuando yo estaba en la universidad. Me había quedado dormido y estaba en la cocina de mis padres sirviéndome café. Iba a llegar tarde a clase. Ella entró y, frustrada por lo que percibía como mi falta de concentración, me preguntó con su suave acento sureño:

—Edmund, ¿qué vas a hacer con tu vida?

—No lo sé, pero va a ser interesante.

Miré la tarea que tenía entre manos: ordenar la rosaleda. Había una maceta rota que Anne compró en México. Debió de salir volando de la terraza cuando yo no estaba y aterrizó sobre las piedras que rodeaban el jardín.

Recordé lo que dijo Ernest Hemingway:

*"La vida nos cambia a todos, pero algunos emergemos como algo más que pedazos rotos."*

Mientras miraba las rosas, me di cuenta de que aunque era enero, quedaba una en plena floración blanca.

Pensé en un concepto que leí hace años, sobre la *"Primacía de la Gracia Divina sobre todos los Esfuerzos Humanos."* Uno está donde ha estado.

Toqué la rosa, vi mi aliento helado en el aire frío del invierno, puse la mano sobre el corazón y dije en silencio:

—Gracias.

Sonó mi móvil.

—Hola, Ed. Jack Grot. Me alegra saber que has salido del hospital. ¿Te sientes bien?

—Mejorando cada día.

—Bien. Tengo un trabajo para ti. ¿Quieres ir a Bagdad?

—Diablos, no.

# Sobre el autor

Edmund B. Mason obtuvo su licenciatura en la Universidad de Luisiana y su máster en la Universidad Central de Michigan. Sirvió en las Fuerzas Aéreas de Estados Unidos como oficial de Logística e Ingeniería y trabajó durante muchos años en Turquía, Norte de África e Italia. Tras su carrera en las Fuerzas Aéreas, trabajó para un contratista de defensa. Tras su enfermedad, se retiró y se dedicó a cuidar su jardín de rosas y a escribir desde su casa de Maryland. El Sr. Mason falleció en 2011.

Este es su primer libro publicado.